U0899979

珍藏本·增订本

纪念版

汉译世界学术名著丛书

希腊悲剧时代的哲学

〔德〕尼采 著

李超杰 译

Friedrich Nietzsche

DIE PHILOSOPHIE IM TRAGISCHEN ZEITALTER DER GRIECHEN

Sämtliche Werke, Kritische Studienausgabe in 15 Bänden

KSA 1: Die Geburt der Tragödie

Unzeitgemäße Betrachtungen Ⅰ－Ⅳ

Nachgelassene Schriften 1870－1873

Herausgegeben von Giorgio Colli und Mazzino Montinari

2. durchgesehene Auflage 1988

© Walter de Gruyter GmbH & Co. KG, Berlin. New York

本书根据科利/蒙提那里考订研究版《尼采著作全集》第1卷第799—872页译出，并根据第14卷补译了相应的编者注释。

汉译世界学术名著丛书
（120 年纪念版・珍藏本）
增订本出版说明

2017 年 10 月，为纪念商务印书馆创立 120 周年，本馆推出“汉译世界学术名著丛书”（120 年纪念版・珍藏本），计七百种。近五六年来，仰赖学界同人倾力支持，订正旧译，增补新译，拓展新著，积累日多。为满足读者需要，本馆在七百种的基础上，继续推出“汉译世界学术名著丛书”（120 年纪念版・珍藏本・增订本）三百种。至此，“汉译世界学术名著丛书”累计出版，已达千种。

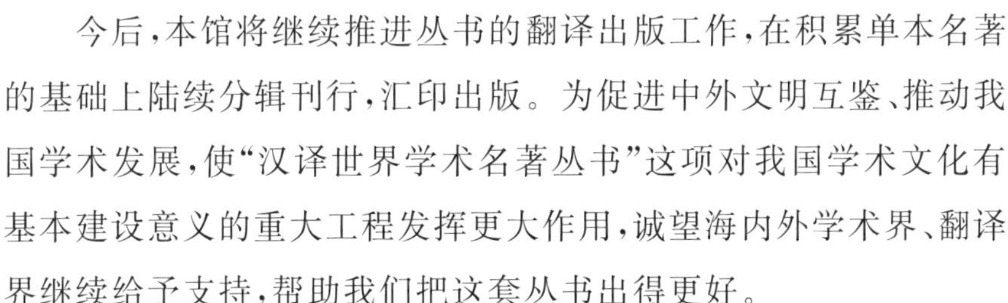

今后，本馆将继续推进丛书的翻译出版工作，在积累单本名著的基础上陆续分辑刊行，汇印出版。为促进中外文明互鉴、推动我国学术发展，使“汉译世界学术名著丛书”这项对我国学术文化有基本建设意义的重大工程发挥更大作用，诚望海内外学术界、翻译界继续给予支持，帮助我们把这套丛书出得更好。

商务印书馆编辑部

2024 年 2 月

汉译世界学术名著丛书
（120 年纪念版·珍藏本）
出 版 说 明

2017 年 2 月 11 日，商务印书馆迎来 120 岁的生日。120 年前，商务印书馆前贤怀揣文化救国的理想，抱持“昌明教育，开启民智”的使命，立足本土，放眼寰宇，以出版为津梁，沟通中西，为中国、为世界提供最富智慧的思想文化成果。无论世事白云苍狗，潮流左右激荡，甚至战火硝烟弥漫，始终践行学术报国之志，无改初心。

迻译世界各国学术名著，即其一端。早在 20 世纪初年便出版《原富》《天演论》等影响至今的代表性著作，1950 年代后更致力于外国哲学和社会科学经典的译介，及至 1980 年代，辑为“汉译世界学术名著丛书”，汇涓为流，蔚为大观。丛书自 1981 年开始出版，历时三十余年，迄今已推出七百种，是我国现代出版史上规模最大、最为重要的学术翻译工程。

丛书所选之书，立场观点不囿于一派，学科领域不限于一门，皆为文明开启以来，各时代、各国家、各民族的思想与文化精粹，代表着人类已经到达过的精神境界。丛书系统译介世界学术经典，引领时代思想，为本土原创学术的发展提供丰富的文化滋养，为推动中国现代学术和现代化进程做出了突出的贡献。

为纪念商务印书馆成立120周年，我们整体推出“汉译世界学术名著丛书”120年纪念版的珍藏本，寄望既利于文化积累，又便于研读查考，同时向长期支持丛书出版的译者、编者和读者致以敬意。

两甲子后的今天，商务印书馆又站在了一个新的历史时间节点上。我们不仅要铭记先辈的身影和足迹，更须让我们的步伐充满新的时代精神。这是商务人代代相传的事业，更是与国家和民族的命运始终紧密相连的事业。我们责无旁贷，必须做好我们这代人的传承与创造，让我们的努力和成果不仅凝聚成民族文化的记忆，还能成为后来人可以接续的事业。唯此，才能不负前贤，无愧来者。

商务印书馆编辑部

2017年10月

中文版凡例

一、本书根据科利/蒙提那里编辑的15卷本考订研究版《尼采著作全集》(Sämtliche Werke, Kritische Studienausgabe in 15 Bänden，简称“科利版”)第1卷(KSA1：Die Geburt der Tragödie / Unzeitgemäße Betrachtungen Ⅰ－Ⅳ / Nachgelassene Schriften 1870－1873)第799—872页译出。

二、中文版力求严格对应于原版。凡文中出现的各式符号均予以保留。唯在标点符号上，如引号的运用，稍有变动，以合乎现代汉语的习惯用法。原版疏排体在中文版中以重点号标示。译文中保留的原版符号，需要特别说明的有：

/：表示分行。

[ ]：表示作者所删去者。

〈 〉：表示编者对文字遗缺部分的补全。

⌜⌝：表示作者所加者。

[—]：表示一个无法释读的词。

[——]：表示两个无法释读的词。

[———]：表示三个或三个以上无法释读的词。

———：表示不完整的句子。

[+]：表示残缺。

三、文中注释分为“编注”和“译注”两种。“编注”是译者根据科利版《尼采著作全集》第 14 卷第 41—114 页（对科利版第 1 卷的注解）译出的，作为当页注补入正文相应文字中，以方便读者阅读和研究。

四、科利版原版页码在中文版相应位置中被标为边码。“编注”中出现的对本书内的文献指引，中文版以原版页码标示。由于中文版把原版单独成卷（第 14 卷）的“编注”改为当页脚注，故已没有必要标出原版为方便注释而作的行号。相应地，“编注”中出现的行号说明也予以放弃，而改为如下形式：× × × × ×……]，表明该“编注”涵盖的范围从 × × × × × 到该“编注”号码所标记之处。

五、中译者主张最大汉化的翻译原则，在译文中尽量不采用原版编注中使用的缩写和简写形式，而是把它们还原为相应的中文全称。原版编注中对尼采本人著作的文献指引（包括不同版本的文集、单行本）均以缩写形式标示，如以“JGB”表示《善恶的彼岸》，在中文版中一概还原为著作名；原版编注中对科利版《尼采著作全集》诸卷的文献指引，中文版均以中文简写形式“科利版第 × × 卷”的方式标示；唯原版编注中对尼采不同时期手稿和笔记的文献指引，因内容解说过于烦琐，中文版也只好采用原版的简写法，并在书后附上“尼采手稿和笔记简写表”。

目　　录

希腊悲剧时代的哲学①

对于离我们较远的人们，我们只需了解他们的目的，就可以从整体上对他们加以褒贬。而对于离我们较近的人们，我们则根据他们用以实现自己目的的手段，对其做出评判：我们往往责难他们的目的，却因为他们实现自己意愿的手段和方式而热爱他

① 可以确定，关于前苏格拉底哲学的笔记，属于1872年夏以后的遗稿。1873年4月，尼采把一份题为《希腊悲剧时代的哲学》（PHG）的付印稿式的文本带到了拜罗伊特（参见年表）。该文本涉及《希腊悲剧时代的哲学》的誊清稿（UI8），尼采于1874年年初将该文稿副本送给了他的学生阿道夫·鲍姆加特纳（Adolf Baumgartner）。在我们所见的鲍姆加特纳副本（D9）中，尼采所做的修改在最初几页之后就停止了。仅仅在包含尼采亲笔修改的地方，我们才把这个副本（D9）作为蓝本，否则，无论就正字法而言，还是就标点和分段而言，我们均以尼采的原始手稿（UI8）为蓝本。后来由彼得·加斯特（Peter Gast）所做的修改，则未予以考虑。《希腊悲剧时代的哲学》有两个前言，第一个出自尼采之手，第二个出自尼采母亲之手。两个前言均被放在了文本的前面。

在编注中，DmN代表尼采的付印稿（UI8），DmB代表鲍姆加特纳的副本（D9）。

蓝本：U I 8，第3—104页，以及D 9中尼采的亲笔修改部分。收于克格尔（F. Koegel）出版的大八开本版《尼采著作集》（GAK），第10卷，第1—89页；大八开本版（GA），第10卷，第5—92页。计划与构思：19［89.188.189.190.214.315.316.325］；21［5.6.9.11.13.14.15.16.19.］；23［1.2.3.5.6.8.12.14-41］；26［1.8.9］。——编注

们。只有对于它们的创立者而言，哲学体系才是完全正确的。对于所有后来的哲学家来说，这些体系往往是一个巨大的错误，而在智力更为低下的人看来，则是真理和谬误的混合体。但归根结底，这些体系是一个错误，因而，可以弃之不用。所以，很多人对每一个哲学家都要进行非难，因为哲学家的目的不同于他们自己的目的；哲学家是远离他们的人。与此相反，谁喜欢伟人，谁也就会喜欢这些体系，即使它们也是完全错误的：它们毕竟有某种确定无疑之处，有一种个人的情调和色彩。人们可以利用这种情调和色彩获得哲学家的肖像，正如人们可以从一个地方的植物推断出其土壤状况一样。不管怎样，这种生活方式以及这种看待人类事物的方式曾经存在过，因而是可能的："体系"就是这块土壤上的植物，或者至少该体系的一部分是如此，——。

我要简要地讲述那些哲学家的历史：我会仅仅从每一个体系中抽出这样一点，它构成历史必须加以保护的个性的一部分，并且属于不可反驳、不可争辩之列。这是一个开端，旨在通过比较重新获得和复制那些天性，使希腊天性的复调音乐终有一天能够重新响起。它的任务在于阐明我们必须始终加以珍爱和崇敬的东西，也是任何后来的知识都不能从我们这里剥夺的东西：这就是伟人。[①]

---

① 这是D9中出自尼采之手的一页。——编注

这种讲述古希腊哲学家历史的尝试，因其篇幅短小而有别于类似的尝试。之所以能做到这一点，是因为这里所谈到的只是每个哲学家的很少一部分学说，就是说，它是有所取舍的。但是，选出的这些学说，却能最鲜明地体现一个哲学家的个性。相比之下，如果像平常的手册所惯用的那样，悉数列举流传下来的一切可能的原理，则必然会使一个哲学家的个性归于沉寂。这样的叙述会变得极为乏味：因为正是那些个性的东西才使我们对那些被驳倒的体系感兴趣，也只有这样的东西永远不能被驳倒。通过三件轶事，便可给出一个人的肖像。我试图从每个体系中抽出三件轶事，对于余下的，则只能忍痛割爱了。[①]

① 这是D9中出自尼采母亲之手的一页（大概是尼采1875—1876年冬季在巴塞尔口授的，当时他的母亲正在那里逗留）。——编注

1

哲学不乏反对者。对于他们的反对之声，人们最好还是听一听，特别是当他们劝告德国人的病态[①]头脑远离形而上学，劝告他们像歌德那样通过自然得以净化、像理查德·瓦格纳那样通过音乐得以康复的时候。[②]民族的医生拒绝哲学。所以，谁想为哲学做辩护，谁就必须表明健康的民族为什么需要哲学并且已经运用了哲学。如果他能够表明这一点，也许病人自身会获得这样一种富有成效的见识：为什么恰恰对他们来说哲学是有害的。诚然，有很好的例证表明：即使全然没有哲学，或者只是有限地、几乎是游戏般地运用哲学，健康也可以存在，巅峰时期的罗马人就是这样在没有哲学的情况下生活的。但是，[③]一个民族患了病，而哲学使这个民族恢复了失去的健康，这样的例子到哪儿去找呢？如果说哲学曾经显露出帮助、拯救和辩解的功能，那么，这

① 病态］准备稿：被语词和概念弄得支离破碎的。——编注

② 劝告他们……］准备稿：宁可逃避到自然中，或者像理查德·瓦格纳所劝告的那样，通过艺术得以康复和净化。——编注

③ 在没有哲学的情况下生活的。但是］誊清稿：巅峰时期的罗马人就是这样在没有哲学的情况下生活的，而且，此后哲学也不过是他们的懒散的施主。——编注

种情况也是出现在健康人身上[①]，而对于病人来说，哲学则总是使其病得更重。如果一个民族已经涣散分化，与其成员处于一种松散的紧张关系之中，那么，哲学绝不会使这些成员与整体重新紧密地联系在一起。[②]如果一个人打算画地为牢，为自己筑起自给自足的篱笆，那么，哲学总是会使其愈加孤立，并通过孤立导致他的毁灭。如果不具有完全的合理性，哲学便是危险的：只有一个民族（但也不是每一个民族）的健康，才会赋予哲学这种合理性。

现在，让我们看一看那个最有说服力的例证，从而了解在一个民族那里被称为健康的是什么。作为真正健康的人，希腊人以下述方式为哲学本身做了永久的辩护：他们做了哲学运思，而且比任何其他民族做得都多。[③]他们未能适时终止这种运思，因为即使到了垂垂暮年，他们的行为举止仍然像是哲学的狂热追求

① 在没有哲学的情况下生活的……在健康人身上］准备稿：巅峰时期的罗马人就是这样在没有哲学的情况下生活的，而且，此后也几乎没有哲学。但是没有这种患病的例证，其中，哲学起了治疗的作用：哲学的治疗、觉察和辩解力量只表现在健康人身上。——编注

② 如果一个民族……重新紧密地联系在一起］准备稿：如果一个民族涣散分化了，其成员与整体处于松散的紧张关系之中，或者与整体全无瓜葛，我们就说这个民族是病态的：如果在一个涣散分化的民族中，一种文化为众多的成员所保护、哺育和维护，我们就说这种文化——比如，当前的文化——是病态的。——编注

③ 德国人的病态头脑……任何其他民族］准备稿：像歌德那样劝告好思考的德国人通过自然远离形而上学。但从总体上说，必须对哲学的反对者做出反驳：希腊人做了哲学运思，而且比任何其他民族做得都多。毫无疑问，当我们从事哲学的时候，我们并没有充足的理由。但哲学本身通过希腊人——而且，在我看来，也只有通过希腊人——得到了辩护。——编注

者，尽管他们所理解的哲学仅仅成了关于基督教教条的虔诚的细节考证和神圣的无谓争辩。由于未能适时终止这种运思，他们便极大地削减了自己对野蛮的后代的贡献，因为作为顽冥不化的青年人，这后代必然会陷于那人工编织的罗网之中。[①]

相比之下，希腊人懂得适时开始，并且比任何其他民族更清楚地提出了这样一种理论，即人们必须在什么时候开始哲学运思。就是说，不像有些从痛苦中推演出哲学的人所臆想的那样，有愁苦才有哲学运思；相反，这种运思是从幸福中，从一种成熟的成年期，从骁勇善战的成年的喜悦中开始的。希腊人在这样的时刻开始哲学运思，对我们了解希腊人本身，了解哲学是什么、哲学应当是什么有很多启发。如果那时的希腊人像当今有学问的庸人所想象的那样，是冷静早熟的实践家和乐天派，或者像没学问的空想家所幻想的那样，生活在感官的享乐之中，[②]人们绝不会在他们那里找到哲学的源头。他们充其量是一条顷刻流入沙滩或者蒸发为云雾的小溪，绝不会是那翻腾着骄傲浪花的宽广的大河。我们所了解的希腊哲学就是这样一条大河。

虽然人们已经一再指出这样一点：希腊人可能从东方异邦发

① 削减了……罗网之中］准备稿：他们便极大地减少了自己对野蛮的后代的贡献，因为按照野蛮人的习惯，这顽冥不化的后代必然会陷于其前辈的这些错综复杂的作品之中，并且为了希腊青年人的作品而损害自己的感官。——编注

② 如果那时的……享乐之中］准备稿：如果那时的希腊人像当今有学问的庸人所想象的那样，真的是这种冷静的、无忧无虑的实践家和市侩，或者像没学问的空想家愿意相信的那样，仅仅生活在诱人的艺术享受之中。——编注

现和学到了多少东西，以及他们可能从那里接受了多少种东西，但是，如果人们把来自东方的所谓老师和来自希腊的可能的学生放在一起，例如，把琐罗亚斯德[①]和赫拉克利特放在一起，把印度人和爱利亚学派放在一起，把埃及人和恩培多克勒放在一起，甚至把阿那克萨哥拉和犹太人放在一起，把毕达哥拉斯和中国人放在一起，那无疑会出现一个非常壮观的场面。这样一个个地摆放，说明不了多少问题。但只要人们不要我们承受下述结论，上述全部思想则尚可忍受：希腊哲学只是舶来品，并不是在本土自然生长出来的；甚至作为异己之物，哲学与其说推动了希腊人的进步，不如说导致了希腊人的毁灭。没有比奢谈希腊人的本土文化更愚蠢的了。确切地说，他们吸收了其他民族的活生生的文化。唯有他们走得如此之远，原因在于他们懂得在其他民族止步的地方，继续前行。他们那富有成效的学习本领令人敬佩。所以，我们应当和他们一样，向我们的邻邦学习，而且，是为了生活，不是为了增长知识；我们应当以学到的一切东西为支撑，从而比邻邦跳得更高。追问哲学的开端完全是无关紧要的，因为无论何处，开始阶段都是粗糙的、未成形的、空洞的和丑陋的。任何事物都只有到较高阶段才会引起人们的注意。谁要是因为埃及哲学和波斯哲学可能更为“源始”并且无疑更为古老，就致力于对它们的研究，从而忽略希腊哲学，那么，他的做法就和下面这些人同样轻率：他们不能心安理得地面对那么美好深奥的希腊神话，直到他们把这些神话追溯到其物理细节，追溯到太阳、闪

① 琐罗亚斯德（Zoroaster）：波斯预言家，拜火教的创始人。——译注

电、雷雨和云雾，仿佛这样才算追溯到了神话的开端；例如，他们错误地认为，与希腊人的多神教相比，他们在虔诚的印欧语系的人对于一个苍穹的顶礼膜拜中重新发现了一种更纯净的宗教。通往开端的路毫无例外会通向野蛮。谁要致力于对希腊人的研究，谁就应当始终坚持这样一点：在任何时代，过度的求知欲本身和对知识的敌视一样，都会导致野蛮；希腊人通过对生命的关切，通过一种理想的生命需求，遏制了他们原本贪婪的求知欲，因为他们要马上体验他们所学到的东西。希腊人还是作为文化人并且带着文化目标从事哲学的，所以，他们没有出于任何一种土著人的自负重新创造哲学和科学的各种元素，而是马上着手对这些接收的元素加以充实、加强、提高和提炼，从而在一种更高的意义上、在一个更纯的领域内成为了创造者。就是说，他们创造了“典型的哲学家头脑”，整个后世再也没有创造出任何本质性的东西。

谈到由泰利斯、阿那克西曼德、赫拉克利特、巴门尼德、阿那克萨哥拉、恩培多克勒、德谟克利特和苏格拉底这样的古希腊大师组成的惊人理想化的哲学家群体，任何一个民族都会感到惭愧。所有这些人都是一个整体，是用一块石头雕成的。在他们的思想和他们的性格之间，存在着严格的必然性。他们没有任何惯例，因为那时还没有哲学家和学者身份。作为当时唯一以知识为生的个人，他们都生活在巨大的孤独之中。他们都具有先人的道德力，并且据此超过了所有后来者。他们用这种道德力去发现他们自己的形式，并通过变形使其日臻完善，达到至纯至大。因为没有任何模式可以帮助他们，从而减轻他们的困难。所以，他们共同构成了一个叔本华所说的与学者共和国相对的天才共和国：一个巨人穿越空寂的时间间隔，向另一个巨人呼唤，任凭在他们脚下爬行的侏儒发出恶作剧般的鼓噪，从容地继续着崇高的精神对话。

我所面临的任务，是就这种崇高的精神对话，讲一讲我们近代的重听症或许可以听到、可以理解的东西。毫无疑问，这样的东西微乎其微。依我看，从泰利斯到苏格拉底这些古代贤哲，在这种对话中谈到了在我们看来构成典型的希腊精神的一切，尽管是以最普通的方式加以谈论的。和他们的性格一样，他们的对话也显示了希腊天才的大致轮廓，而全部希腊历史就是这个轮廓的模糊的翻版，是其朦胧的因而是不清的摹本。如果我们对希腊民族的全部生活做出正确的解释，我们所看到的将始终是反复出现的同一幅肖像，这就是从其最高的天才身上发出的绚丽色彩。同样，希腊大地上最初的哲学体验，即对七贤的认可，是希腊人肖像上一个清晰可见、令人难忘的线条。其他民族有圣徒，希腊人则出贤哲。人们正确地指出，一个民族的性格，与其说表现在这个民族的伟人身上，不如说表现在这个民族认定和尊崇这些伟人的方式上。在其他的时代，哲学家是最敌对环境中的一个偶然的、孤独的漫游者，不是悄无声息地潜行，就是握紧拳头去挣扎。只有在希腊人那里，哲学家才不是偶然的。当他面对世俗化的巨大危险和诱惑，于公元前第6、第5世纪出现的

时候，当他仿佛从特洛佛尼乌洞[①②]走向希腊殖民地的享乐、贪婪、奢华和肉欲的时候，我们可以猜想，他是作为一个高贵的警示者出现的，其目的与在那些世纪悲剧为之诞生的目的是一样的，奥尔弗斯教[③]的神秘仪式在其所用的奇形怪状的象形文字中加以表现的，也是同样的目的。一般说来，这些哲学家对生命和此在（Dasein）所做的判断，在内涵上要比一个现代判断丰富得多，因为他们所面对的是一个丰富完满的生命；因为和我们有所不同，在他们那里，思想家的情感还没有被下述冲突搞得无所适从：一方面是对生命的自由、美和伟大的渴望，一方面是对真理的追求，而这种真理仅仅追问：生命的价值到底何在？所以，关于哲学家在一个现实的、具有统一风格的文化中所要完成的任务，我们没有资格从我们的状况和体验中妄加猜测，因为我们没有这样的文化。相反，只有一种像希腊文化那样的文化，才能回答哲学家的任务是什么的问题，如我所说，只有这样的文化才能从总体上为哲学进行辩护，因为只有这样的文化才能知道并且证

① 特洛佛尼乌洞（Die Hoehle des Trophonius）：位于波伊俄提亚（Boeotia）的勒巴狄亚（Lebadaea），因特洛佛尼乌而得名。在希腊神话中，特洛佛尼乌是著名的建筑师，德尔菲的阿波罗神庙即由他所建。相传他和自己的兄弟阿伽墨得斯（Agamedes）为波伊俄提亚国王建造了一个珍宝库房，二人在进入库房行窃时，阿伽墨得斯落入了国王设下的陷阱。为了不露马脚，特洛佛尼乌割下了兄弟的头颅，自己潜入地洞中，永久地消失了。人们认为特洛佛尼乌死后变成了神，有了预言的能力，他所在的地洞也因此成为可以发布神谕的场所。在《曙光》的前言中，尼采自比特洛佛尼乌，意指自己在道德偏见的地下所做的工作。——译注

② 参见《曙光》前言 1。——编注

③ 奥尔弗斯教：公元前 7—前 6 世纪出现于古希腊的秘传宗教派别，信奉灵魂轮回，实行禁欲主义，对希腊哲学产生过重要影响。——译注

明：哲学家为什么以及如何不是一个偶然随意的、居无定所的漫游者。有一种铁一样的必然性，把哲学家与一种真正的文化联系在一起。但是，如果没有这样的文化，情形会如何呢？此时的哲学家就成了一颗难以捉摸、从而令人惊恐的彗星。如果运气好的话，他也会作为文化太阳系中的一颗主星而发光。所以，希腊人为哲学家做了辩护，因为只有在他们那里他才不是一颗彗星。①

① 共同构成了……一颗彗星］参见第1卷注释，317，18；24[4]。——编注

2

在做了这番考察之后，如果我把柏拉图以前的哲学家作为一个密切相关的群体加以讨论，并且准备在这本著作中专就这些哲学家进行论述，应当很容易被人们所接受。柏拉图开启了某种全新的东西。或者，人们可以同样正确地说，与从泰利斯到苏格拉底的那个天才共和国相比，柏拉图以来的哲学家缺少了某种本质性的东西。谁要是以忌妒之心表达他对那些古代大师的看法，他可以把他们称为片面的人，而把以柏拉图为首的他们的追随者称为多面的人。把后者理解为哲学的混合性格，而把前者理解为纯粹类型，也许更加准确和公正。柏拉图本人是第一个卓越的混合性格，无论是在他的哲学中，还是在他的个性中，这一点都得到了体现。在他的理念论中，混合了苏格拉底、毕达哥拉斯和赫拉克利特的元素，所以，它不是一个典型的、纯粹的现象。作为人，柏拉图也混合了这几个人的特征：帝王式孤傲知足的赫拉克利特、抑郁而富于同情心的立法者毕达哥拉斯和洞悉人类心灵的辩证法家苏格拉底。所有后来的哲学家都是这样的混合性格。在他们表现出某种片面性东西的时候，它也不是一个类型，而是一幅漫画，犬儒学派就是一个例子。但更为重要的是，他们是宗派的创立者，而且，他们所创立的所有宗派都与希腊文化及其迄今

为止风格的统一性相对立。他们以自己的方式寻求一种拯救，但只是为了个别人，或者最多为了关系密切的朋友和门徒。古代哲学家们的活动则致力于一种整体上的治疗和净化，虽然他们并没有意识到这一点。希腊文化的强大进程不应受到阻挡，前进道路上的可怕危险必须加以清除，哲学家保卫和守候着自己的家园。而柏拉图以后，哲学家则处于流放状态，并且密谋反对自己的祖国。——关于那些古代哲学大师，留给我们的材料少得可怜，所有完整性的东西都已遗失，这真是一种不幸。由于这种遗失，我们本能地按照错误的尺度衡量他们。柏拉图和亚里士多德从不缺乏评价者和记录者，这个纯粹偶然的事实使我们厚此薄彼，即更看重这些后来者，反而忽略了他们的前辈。有人认为，书自有其天命，一种书的命运（fatum libellorum）。但是，如果它认为最好把赫拉克利特、恩培多克勒的美妙诗篇以及德谟克利特——古代人把他与柏拉图相提并论，甚至认为他在天赋上比柏拉图胜出一筹——的著作从我们这里收回，作为替代，又把斯多噶派、伊壁鸠鲁主义者和西塞罗塞进我们手中，那么，这种命运一定是极为恶毒的。也许，我们失去了希腊思想及其文字表达的最精彩部分，这是一种天命。谁要是记得埃里金纳①和帕斯卡的不幸，谁要是想一想，甚至就在这个光明的世纪，叔本华《作为意志和表象的世界》第一版也不得不变成一堆废纸，谁就不会对这种天命感到惊讶了。如果有人想为这些事情假定一种奇异的宿命力

① 埃里金纳（John Scotus Erigena, 815—877年）：中世纪爱尔兰基督教神学家和哲学家，主要著作有《论神的预定》和《自然的区分》等。——译注

量，他可以这样做，并且像歌德那样说：“任何人都不要对卑鄙下流之事进行抱怨，因为人们向你诉说的，也正是它的威力。”[①] 奇怪的是，它的力量竟超过了真理的力量。人类难得写出一本好书，其中以大胆的自由唱响真理的战歌，唱响哲学的英雄主义之歌。然而，这本书是流芳百世，还是腐烂发霉、变为泥土，其命运取决于各种微小的偶然事件，取决于一时的头脑发昏，取决于迷信的痉挛和反感，甚至取决于懒于动笔的手指，以及蛀虫和雨天。然而，与其悲叹，不如听一听哈曼[②]的下述搪塞、安慰之语，他是向因著作遗失而悲叹的学者说出这番话的：“对于一个用扁豆穿针眼的艺术家来说，为了练习所要达到的熟练性，一堆扁豆还不够吗？对于在古代著作的使用方面不比那个使用扁豆的艺术家强多少的学者们，人们可以提出同样的问题。”[③] 就我们的情况而言，还应补充说，我们并不需要比已经流传下来的文字、轶事和年代更多的东西；甚至我们只需要少得多的材料，就能确定这样一种一般理论：希腊人为哲学做了辩护。——当哲学由真理的天才本身在大街上和市场上宣告出来的时候，一个饱受所谓义务教育之苦却没有文化并且在其生活中没有风格统一性的时代，将不会懂得如何正确地处理哲学。在这样一个时代，哲学毋宁说始终是孤独的散步者博学的独白，是个别人的偶然战利品，是不许

① 任何人……它的威力］歌德：《西东诗集》，“烦闷集”：“漫游者的安定”。——编注

② 约翰·格奥尔格·哈曼（Johann Georg Hamann，1730—1788 年）：德国哲学家、思想家，出生于哥尼斯堡，是康德的好友，有“北方术士”之称，也是狂飙运动的先驱。——译注

③ 对于一个……同样的问题］哈曼的这段话出处不详。——编注

别人入内的密室，或者是学术老人与孩童之间无害的闲聊。似乎没有人敢于亲身实践哲学的准则，没有人用那纯粹男人式的忠诚过一种哲学式的生活，而一旦一个古人向斯多噶派宣誓效忠，这种忠诚就会强迫他像斯多噶派分子那样去行动，无论他在什么地方，无论他想干什么。全部现代哲学研究都是政治性的、警察式的，被政府、教会、学院、习俗、时尚和人的胆怯限制在学术的外表，停留于对“但愿”的叹息，或者对“曾经”的认识。这样的哲学没有任何正当性，所以，只要具有起码的勇气和责任感，现代人就应当丢弃它，用类似于柏拉图[①]的言语放逐它：柏拉图用这样的言语把悲剧诗人从他的理想国中驱逐出去。[②]当然，哲学会奋起反驳，就像那些悲剧诗人奋起反驳柏拉图一样。如果什么时候人们强迫其说话，它也许会说：“可怜的民族！如果我必须像一个四处游荡的女巫那样，经过乔装打扮藏匿在你那里，仿佛我是一个女囚，而你们却是我的法官，这是我的错吗？看一看我的姊妹即艺术吧！她的状况和我类似，我们都被错误地推到了野蛮人中间，不再知道如何得救。不错，我们缺乏充分的合理性。但是，主持正义的法官也会对你们进行审判，并且会对你们说：必须先有一种文化，然后，你们才能懂得哲学想要做什么，它能够做什么。”——

① 柏拉图]《理想国》，第 10 卷，605 b—c。——编注

② 在这样一个……驱逐出去]参见《不合时宜的观察》，5, 282, 1—28。——编注

3

希腊哲学仿佛始于一个愚蠢的想法，即始于这样一个命题：水是一切事物的本原和诞生地。真有必要冷静而严肃地对待这个命题吗？是的，理由有三：第一，因为这个命题表达了关于事物本原的一些看法；第二，因为在做这种表达时，这个命题没有使用图像和寓言；第三，因为这个命题包含了“一切是一”的思想，尽管只是以萌芽的形式。上述第一个理由使得泰利斯仍然混迹于信徒和迷信的人中间；而第二个理由则使他脱离了这伙人，向我们表明他是一个自然科学家；由于第三个理由泰利斯被认为是第一个希腊哲学家。——如果他说的是：大地由水变化而来，那么我们得到的只是一个科学假说，一个尽管错误却难以反驳的科学假说。但他超越了科学的层次。在通过水的假说表达这种统一性表象的过程中，泰利斯①并没有克服当时物理认识水平较低

① 希腊哲学仿佛……泰利斯］付印稿：鲍姆加特纳的副本（DmB）：尽管这个想法明显是幼稚的，为什么还有必要如此认真地对待它？——之所以如此，是因为它包含了一个形而上命题，尽管只是以萌芽的形式。如果这个想法是以一个素朴的物理学假说的形式出现的，那么，我们对表达本身和要求得到更精确表达的命题做出区分无疑是合理的。由于他的创造，泰利斯被认为是第一个哲学家——即第一个做出下述尝试的人：用一个在同心圆中旋转并逐渐收缩为点的统一性表象来简化和解释现存世界。——编注

的状况，而至多是跳过了这种状况。泰利斯对于水——更确切地说是潮湿——的产生和变化所做的有限而杂乱的经验观察，很难得出这种非凡的概括，甚至很难产生进行这种概括的冲动。促成这种概括的，是一种源于神秘直观的形而上学信念。在所有哲学家身上，在他们为更好地表达这种信念所做的不懈努力中，我们都能看到这样的信念：这就是“一切是一”[①]的命题。

值得注意的是，这样一种信念是多么强有力地对待全部经验的：就在泰利斯身上，人们可以看到，当其试图为着自己的诱人目标跨越经验的樊篱时，一切时代的哲学是如何做的。它要先行跳过那些并不牢固的支撑，希望和想象加快了它的步伐。计算性理智则气喘吁吁，笨拙地跟在后面，寻求更好的支撑，以便自己也能达到那更为机灵的伙伴已经达到的诱人目标。人们相信看到了两个漫游者站在一块荒凉的石头上，四周是一片奔腾向前的溪流。一个人利用石头敏捷地纵身跃过溪流，纵然他身后的石头也陡然陷落。另一个人则一直不知所措地站在那里，他必须首先为自己建造地基，以便承受他那谨慎而沉重的脚步。在这样的地基未能建造的时候，任何神灵都不能帮他跃过急流。那么，什么东西使得哲学思想这样快地达到自己的目标？它与计算的和权衡的思想之间的差别，也许仅仅在于它能更快地跨越较大的空间？

① 一”］在准备稿中接着是这样一段话：比那个水的想法更能显示哲学沉思的诸多其他命题，都在这一命题中得到了表达：实际上，水的想法是以假说的形式对一种形而上假定所做的自然科学表达。泰利斯含蓄地说，只有一种真理，一种真实的质，这就是水或者——他显然指的是——潮湿。——编注

不！因为使其实现跨越的是一种陌生的、非逻辑的力量即想象。借助于想象，它欢快地在暂时被视为安全地带的可能性之间进行跨越。有时，它自己在飞跃的过程中也会抓住这些安全地带。一种天才的预感会向它指明这些安全地带的所在，它老远就能猜到这些可证实的安全地带的确切位置。在对相似性的瞬间捕捉和把握方面，想象的力量尤其强大。此后，反思拿来它的尺子和模型，试图用一致性取代相似性，用因果性取代同时景观。但是，甚至在这些程序根本不可能的时候，甚至在泰利斯那里，不可证明的哲学思考仍然具有一种价值。当逻辑和经验的僵硬要达到“一切是水”的命题时，即使所有的支撑都已断裂，即使科学的大厦已经坍塌，总还会有一种剩余物，而一种推动性力量以及未来繁荣的希望就存在于这种剩余物中。

我的意思当然不是说，在一种有限的和弱化的意义上，或者作为一种譬喻，泰利斯的思想可能依然保持为一种“真理”。譬如，人们设想一位站在瀑布面前的造型艺术家，他在迎面喷涌而来的形状中，看到的是水的艺术造型游戏，其中有人和动物的身体、面具、植物、岩石、仙女、怪兽，总之，有所有现存的类型，所以，对他来说，“一切是水”的命题似乎得到了征实。毋宁说，泰利斯思想的价值恰恰在于它无论如何不是神话的和譬喻性的，在认识到这种思想不可证实之后，同样如此。泰利斯明显不同于当时的其他希腊人，后者只相信人和神的实在，把整个自然视为神—人的外壳、面具和变形，因而是一切实在论者的对立面。对他们来说，人是事物的真理和核心，其他的一切只是幻象和骗人的游戏。正因如此，把概念作为概念来理解，会使他们感

到不可思议的困难。与把最人格化的东西也升华为抽象概念的革新者相反，他们总是把最抽象的东西重新归于一种人格。但泰利斯却说："事物的实在不是人，而是水。"至少就其相信水而言，他已经开始相信自然了。作为数学家和天文学家，他反感一切神话的和譬喻性的东西。尽管还没有明确地达到"一切是一"这样的纯粹抽象，从而还停留于物理表述的层面，但在当时的希腊人中，他已经是一个令人惊愕的例外了。或许最出色的奥尔弗斯教徒具有把握抽象概念、不借助于形象进行思考的能力，而且其程度还要在泰利斯之上。但是，他们只能以譬喻的方式表达那些抽象概念。锡罗斯的费雷居德[1]在年代和若干物理观念上与泰利斯相近，但他却用结合了神话和譬喻的一种中间方式表达那些抽象概念，比如，他大胆地把大地比作一棵展开翅膀悬在空中的带翼的橡树，宙斯在制服了克洛诺斯[2]之后，为这棵橡树披上了一件尊贵的锦袍，并亲手在上面绣上了土地、水和河流。与这种几乎不能加以证实的、朦胧的譬喻性哲学思考不同，泰利斯是一个创造性大师，他开始不借助虚构的寓言直视自然的深处。如果说在此过程中他曾经利用科学以及可以证明的东西，但他很快就实现了跳跃，这也是哲学头脑的一个典型特征。从词源上说，表示"贤哲"的那个希腊词，可以追溯到 sapio（我品尝）、sapiens

① 锡罗斯的费雷居德（Pherekydes aus Syros, 584—530 年）：古希腊神话作者、哲学家，哲学宇宙演化论的先驱。——译注

② 克洛诺斯（Kronos）：泰坦神之一，他推翻了天父乌拉诺斯（Ouranos），后来又被自己的儿子宙斯（Zeus）所推翻。——译注

（尝味道的人）和 sisyphos（味觉最为敏锐的人）[①]。所以，按照这个民族的信念，一种敏锐的觉察力和识别力，一种非凡的辨别力，构成了哲学家的特有艺术。如果人们把能在其个人事务上获利的人称为聪明人，那么，哲人并不聪明。亚里士多德[②]正确地指出，"人们会把泰利斯和阿那克萨哥拉所了解的东西称为不寻常的、令人惊异的、微妙的、神圣的，然而却是无用的，因为他们并不关心人类的利益。"哲学通过选出和析出不寻常的、令人惊异的、微妙的和神圣的东西，而与科学划清了界线，正如它通过强调无用性而和聪明划清了界线一样。科学没有这种筛选，没有这种敏锐的味觉，在不惜一切代价认识一切事物的盲目欲望的驱使下，投入到一切可以认识的东西之中。与此相反，哲学思想则总是致力于那些最值得认识的事物，致力于伟大和最重要的知识。由于无论在道德领域还是在审美领域，"伟大"的概念都是不断变化的，所以，哲学就从为"伟大"立法开始，就是说，哲学与一种命名活动紧密相连。"这是伟大的"，哲学如是说，从而使人类超越了其难以驾驭的盲目的求知欲。它通过伟大这个概念抑制了这种欲望，特别是它认为对于事物本质和核心的最伟大知识是可以达到的，并且已经达到。当泰利斯说"一切是水"的时候，人类就走出了个别科学蠕虫式的盲目触摸和爬来爬去，预感到了事物的最终答案，并通过这种预感克服了低级认识水平的一般限制。哲学家试图让世界的总调在自己身上回响，然后，再通

① 从词源上说……最为敏锐的人］参见《人性的，太人性的——一本献给自由精神的书》，附录：杂见与格言，170。——编注

② 亚里士多德］《尼各马可伦理学》，1141 b 3—8。——编注

过概念把这个总调呈现出来。当他像造型艺术家那样沉思、像宗教家那样怜悯、像科学家那样窥探目的和因果性时，当他感觉自己膨胀为宏观宇宙时，他仍然保持谨慎，冷静地把自己视为世界的镜子。这是戏剧艺术家所具有的那种谨慎，他把自己化入别人的身体，从别人的身体中说话，又知道把这种变化向外投射，投射到他所写的诗行中。哲学家与辩证思维的关系，相当于这里所说的诗人与诗的关系。为了记录和保持他的着魔状态，哲学家采取了辩证思维。对于剧作家来说，语词和诗行只是用一种陌生的语言结结巴巴地说出了他所体验和看到[①]的东西。同样，用辩证法和科学反思来表达任何一种深刻的哲学直观，尽管这是传达哲学洞见的唯一手段，但却是一个极为贫乏的手段，甚至从根本上说，是向一个不同领域和不同语言的譬喻式的、完全不准确的翻译。因此，泰利斯看到的是存在者的统一性，当他要传达这种统一性时，他却说起了水！

① 看到］看到的东西，以及他只有通过表情和音乐才能直接说出的东西。尼采的付印稿。在鲍姆加特纳的副本中，“以及……的东西”可能被尼采划掉了。——编注

4

通过泰利斯的肖像，哲学家的一般类型还只是从浓雾中开始显现，而对其伟大的后继者的肖像，我们则要清楚得多。作为古代第一个哲学作家，来自米利都的阿那克西曼德是这样写作的，而且，只要其身上的淳朴和天真还没有被令人诧异的要求夺走，任何一个典型的哲学家都会这样写作：以恢宏的碑文字体，句句见证着一种新的体悟，表达出对于崇高沉思的留恋。思想及其形式是通往那最高智慧之路上的里程碑。阿那克西曼德曾经这样简洁而透彻地说道："按照必然性，事物从何处产生，就必然在何处毁灭。因为它们必须依时间的秩序支付罚金，为其不义接受审判。"这是一个真正悲观主义者谜一般的箴言，是雕刻在希腊哲学界碑上的神谕般的碑文。对此，我们应如何解读呢？

我们知道，我们这个时代仅有的一位严肃的道学先生[①]在其《哲学小品集》第2卷第327页提出过一个类似的看法："评价任何一个人的正确尺度是：他本来就是一个根本不应实存的本质(Wesen)，毋宁说，他通过各种各样的苦难以至于死亡为他的此在做出补偿。对于这样一个存在物，人们能够期待什么呢？我们

① 指叔本华。——译注

不都是被判了死刑的罪人吗？我们先是通过生命、继而通过死亡为我们的出生做出补偿。”（P. Ⅱ .22.[①]）谁要是从我们人类一般命运的面貌中读出了这一学说，认识到每一个人生的不幸的基本状况，即没有一个人生经得住近距离的仔细观察，——虽然我们这个已经习惯于传记流行病的时代似乎并不这样看，而是庄严地思考人的尊严——，谁要是像叔本华那样在“印度高空”上听到过此在道德价值的圣言，谁就会不可避免地制造一种至高的人格化的隐喻，从人生的有限性中得出那种忧郁的学说，并经过改头换面把这一学说应用于此在的一般特征。阿那克西曼德把一切生成视为从永恒存在的一种违法的解放，视为一种必须用毁灭加以补偿的不义，这也许是不合逻辑的，但无论如何是合乎人性的，也合乎前面所说的哲学跳跃的风格。已经存在的一切，都会复归于毁灭，无论我们想到的是人，还是水、热、冷。无论何处，只要在特定属性被知觉的地方，我们都可以根据一种特殊的经验证明预言这些属性的毁灭。所以，一种具有特定属性并且由这些属性所构成的本质，决不可能是事物的本源和准则。阿那克西曼德得出结论说，真正的存在者不可能具有任何特定属性，否则，它就必然像所有其他事物一样产生和毁灭。为了使生成免于停顿，本原性存在（Urwesen）必须是不确定的。本原性存在的不朽性和永恒性，不像阿那克西曼德的注释者通常所假定的那样，在于一种无限性和不可穷尽性，而在于它缺乏那些可以导致毁灭的特定

① 22］似乎是《哲学小品集》第 2 卷，第 12 章，第 325（不是 327）页注释。——编注

的质。正因如此，它也被称为“不定”。被如此命名的本原性存在超越了生成，从而担保了永恒性和自由的生成进程。但是，人们只能以否定的方式指称“不定”所体现的这种最终统一性，即一切事物的母腹，从现存的生成世界不可能为其找到任何称号。所以，可以认为它与康德的“物自身”具有同样的地位。

这到底是一种什么样的始基（Urstoff）？是气和水之间的一种中间物，还是气和火之间的中间物？谁要是就这样的问题与他人进行争论，谁就根本没有理解我们这位哲学家。同样的话也适用于这样一些人，他们一本正经地追问：阿那克西曼德是不是认为他的始基是所有现存质料的混合。与此相反，我们必须把目光投向最初引用过的那个短句，在那里我们可以得知，阿那克西曼德已经不再以纯物理的方式处理这个世界的来源问题了。当他在多种多样的现存事物中看到大量的不义时，他就——作为这样做的第一个希腊人——大胆地抓住了最为深刻的伦理问题的谜团。某种有权利存在的东西怎么能毁灭！无休止的生成和产生从何而来？大自然脸上那痛苦扭曲的神情从何而来？一切此在领域中永无终止的挽歌从何而来？阿那克西曼德从这个不义的世界，从这个狂妄地脱离了事物源始统一性的世界，逃避到一座形而上学城堡之中，从那里他举目环视，以便在反思性沉默之后，最终向所有存在提出这样的问题：你们的此在价值何在？如果它毫无价值，你们为何存在？我注意到，由于你们的过错，你们才滞留于这种实存（Existenz）之中。你们将不得不通过死亡为实存做出补偿。看啊，你们的大地已经干枯，海洋已经缩减和干涸，山上的海贝向你们表明：大海干涸的范围有多广。现在，火毁灭了你

们的世界，它最终将化作蒸汽和烟雾。但这样一个短暂的世界又总是会重新建立起来。谁能使你们摆脱生成的灾难呢？

提出这些问题的人，其高高升起的思想不断地撕破经验的绳索，以便迅速升至九霄。这样一个人不可能欣然接受任何一种人生。我们愿意相信这样的传说：他身着特别令人敬畏的服装走来，言谈举止和生活习惯透出一种真正悲剧式的傲慢；他的生活践行着自己的学说，谈吐和着装一样庄严肃穆，举手投足间显示出这此在即是一场悲剧，是他生来作为英雄注定要参与的一场悲剧。无论如何，他是恩培多克勒的伟大楷模。他的同胞挑选他去统治一个海外殖民地，——他们也许会感到庆幸，因为这样做一方面可以表示对他的敬意，一方面又可以摆脱他。他的思想也迁移过去，建立了殖民地。在爱菲斯和爱利亚，人们无法摆脱他的思想。而当人们对是否停留在这种思想所处的位置犹豫不决时，他们发现，他们已经被它引到这样一个地方，即他们现在打算在没有它的情况下继续前行。

泰利斯表明了这样一种需要：对多样性的领域进行简化，将其归结为一种唯一现存的质即水的纯粹展开或变形。阿那克西曼德比泰利斯进了两步。他曾经这样自问：“如果真的存在一种永恒的统一性，那么，多样性是如何可能的？”并且从这种多样性之充满矛盾的、自我耗尽、自我否定的特性中提取答案。对他来说，多样性的实存变成了一种道德现象。这种多样性是不正当的，因而不断通过毁灭做出补偿。但他继而又想到了这样一个问题：“因为已经过去了永恒的时间，为什么已生成之物没有消失殆尽？这常新的生成之流从何而来？”他只知道用一些神秘的可

能性回避这个问题：永恒生成的根源只能在于永恒存在之中，从存在向一种不义的生成下降的条件始终是一样的，于是，事物就呈现出这样一种状况，即个别存在物从“不定”的母腹中不断涌现，无穷无尽。阿那克西曼德停在了这里，就是说，他停在了深深的阴影之中。这阴影像巨大的幽灵笼罩在这种世界观上面。特定的事物如何能够通过下降从“不定”中产生，暂时的东西如何能够通过下降从永恒中产生，不义如何能够通过下降从正义中产生，人们越是想接近这个问题，阴影也就越大。

5

来自爱菲斯的赫拉克利特走进了笼罩着阿那克西曼德生成问题的神秘阴影之中，并且用一个神圣的霹雳照亮了它。他喊道："我端详着生成，还没有人这样认真地注视过事物的这个永恒的浪击和节律。我看到了什么呢？规律性，可靠的准确性，始终如一的正确轨道，指向一切违法行为的厄里倪厄斯[①]，统治着整个世界的公正性，以及恶魔般无处不在的附属于这种公正性的自然力。我看到的不是对生成之物的惩罚，而是为生成所做的辩护。什么时候恶行和堕落会出现在牢不可破的形式和神圣可敬的法则中？哪里受不义的统治，哪里就有独裁、无序、紊乱和矛盾。而在法则，在宙斯的女儿狄克[②]单独统治的地方，就像这个世界这样，怎么会是过错、处罚和判决的领域，仿佛是所有该诅咒的东西的法场一般？"

从这种直观之中，赫拉克利特提出了两个相互关联的否定。

---

① 厄里倪厄斯（Erinnyen）：希腊神话中复仇三女神的统称，三位复仇女神分别是不安女神阿勒克图（Alecto）、嫉妒女神麦格拉（Megaera）和报仇女神提西福涅（Tisiphone）。——译注

② 狄克（Dike）：正义女神，时序或季节三女神之一，另外两位分别是和平女神伊瑞涅（Eiréné）和秩序女神欧诺弥亚（Eunomia）。——译注

只有同他的前辈的原则进行对比，我们才能看清楚这两个否定。他首先否定了阿那克西曼德对于丰富多彩的世界所做的二重划分，不再区分一个物理世界与一个形而上世界，一个确定性的领域与一个难以解释的不确定性领域。在走出这一步之后，他一发不可收拾，进而做出了更为大胆的否定：他从根本上否定了存在。因为他所剩下的这个世界，在永恒的不成文法则的庇护下，以有力的节拍上下涌动，在任何地方都没有显示出持存、不可毁灭性和急流中的防波堤。赫拉克利特比阿那克西曼德更为响亮地喊道："除了生成之外，我什么也没看见。你们不要让自己受骗！如果你们认为在生成和消逝的海洋上看到了固定的陆地，这与你们短浅的目光有关，而与事物的本质无关。你们使用事物的名称，仿佛它们有一种僵硬的持留似的。但是，甚至你们第二次踏入的已经不是你们第一次踏入的那条水流了。[①]"

作为他的帝王财富，赫拉克利特具有至高的直观表象的能力。对于通过概念和逻辑推理进行的其他表象，对于理性，他显得冷酷、麻木，甚至于敌对，而当他能够用凭直观获得的真理反对上述表象时，他似乎感到了一种快意。在诸如"一切事物始终在自身中包含对立面"[②]这样的命题中，他就是这样做的，而且做得如此果断，以至于亚里士多德把理性法庭上最重的罪名加到了

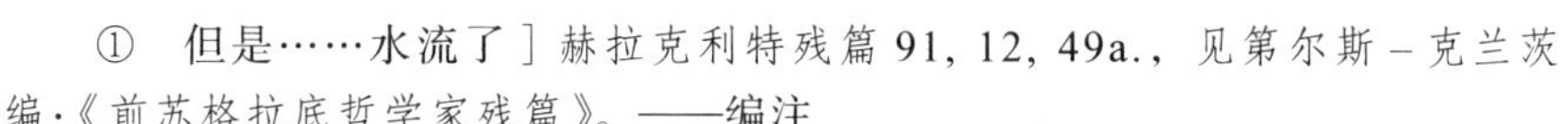

① 但是……水流了］赫拉克利特残篇 91, 12, 49a.，见第尔斯－克兰茨编:《前苏格拉底哲学家残篇》。——编注

② 一切……对立面］赫拉克利特残篇 8, 10, 51, 88, 126，见第尔斯－克兰茨编:《前苏格拉底哲学家残篇》。——编注

他的头上，即说他违反了矛盾律。[①] 但直观表象包括下述两个方面：首先是在一切经验中向我们迎面而来的丰富多彩的、不断变化着的当前世界，其次是使关于这个世界的任何经验成为可能的条件，即时间和空间。因为虽然时间和空间没有确定的内容，但它们可以不依赖任何一种经验，纯粹自在地在直观中被知觉到、被看到。当赫拉克利特摆脱一切经验，以这种方式考察时间时，他就获得了关于时间的最富启发意义的花押字（Monogramm），其全部要素均属于直观表象的领域。和他一样，叔本华也是以同样的方式认识时间的。例如，他一再宣称：在时间中，只有当一个瞬间吞噬了前一个瞬间即它的前辈，从而自己也同样迅速地再一次被吞噬时，这个瞬间才会存在；过去和将来空如一场梦，而现在则只是二者之间膨胀的、不持续的边界；和时间一样，空间及其在时空中同时存在的一切都只具有一种相对的此在，只是通过和为了另一个和它同类的东西，即另一个同样的存在物而存在。这是一个具有最直接的确定性而且人人可以通达的真理，正因如此，也是通过概念和理性难以达到的。但是，谁要是看到了这一真理，他也就必然马上得出赫拉克利特的结论，宣称现实性的全部本质只是活动，对于它来说，没有其他方式的存在。叔本华表达了同样的看法（《作为意志和表象的世界》，第一卷，第10页）："（物质）只是作为作用填充空间，填充时间。它对直接客体的作用是直观的先决条件，而在此直观中，唯有这一作用存

① 亚里士多德……矛盾律］《论题篇》，159b 31；《物理学》185b 20；《形而上学》，1005b 25，1010a 13，1012a 24，1062a 32，1063b 24。——编注

在。每一个其他的物质客体作用于另一个物质客体的结果，只有当后者以不同的方式作用于直接客体时，才能被认识，这种结果只存在于这种作用中。因此，物质的全部本质就是原因与结果。它的存在就是它的作用。可见，在德语中，把一切物质的总括称为现实性（Wirklichkeit）是再恰当不过的，这个词远比实在（Realität）有特色。现实性作用的对象，还是物质。其全部存在和本质只在于合乎规律的变化——变化就是在物质的一个部分中产生另一个部分——之中，因而完全是相对的，它所依据的是一种只在其界线之内有效的关系，如同时间，如同空间。”

永恒的唯一的生成，只是不断作用和生成却并不存在的一切现实事物的完全变动不居，赫拉克利特所教导的这个学说是一种可怕的令人昏眩的表象，其影响近似于一个人在地震时的感觉，即丧失了对于牢固的大地的信任。把这种效果转化为它的对立面，转化为崇高和愉悦的惊异，这需要一种惊人的力量。赫拉克利特通过观察真实的生成和消逝过程做到了这一点，他在两极对立概念的形式中把握这个过程，即一种力量分化为两个不同质的、对立的、寻求重新统一的活动。一种质不断地与自身相分裂，分解为它的两个对立面，这两个对立面又不断地相互追求。虽然大众以为认识了某种固定的、完成的和不变的东西，实际上在每一个瞬间，明与暗、苦与甜都像两个角斗者一样彼此交织在一起，其中，时而这一个，时而那一个占有优势。按照赫拉克

利特[①]，蜂蜜同时既是苦的，又是甜的，世界本身是一个必须不断加以搅拌的混合罐。一切生成均产生于对立面的斗争。确定的、我们觉得持续的质，只是意味着斗争的一方暂时占了上风，但斗争并没有就此停止，较量会永远继续下去。一切都依照这种斗争而产生，正是这种斗争显示着永恒正义。[②]这是一种奇异的、从至纯的希腊泉水产生出来的表象，它把斗争看作一个统一的、严格的、遵循永恒法则的正义的永久统治。只有一个希腊人才会把这种表象当作一种宇宙观的基础。它把赫西俄德笔下善良的厄里斯[③]转化为世界原则，把希腊个人和希腊国家所拥有的从竞技场和体育场、艺术比赛以及政治派别和城邦间的较量中得来的竞赛思想，转化为一种最普遍的思想，以至于现在宇宙的齿轮都在这种斗争中旋转。每一个希腊人都充满自信地投入斗争，仿佛唯有他是正确的，在每一个瞬间，一个无限确定的判决尺度决定着哪一方获胜。同样，各种质之间也按照不可违反的、为斗争所固有的法则和尺度彼此斗争。虽然人和动物的狭隘大脑相信事物的确定性和持久性，但事物自身绝无真正的实存，它们是对立性质的斗争中两剑相遇所发出的闪光和火花，是胜利的光辉。

叔本华也对一切生成所固有的斗争、对胜利的永恒交替做了如下描述（《作为意志和表象的世界》第一卷，第175页）：“恒

---

① 赫拉克利特］残篇第125，见第尔斯－克兰茨编：《前苏格拉底哲学家残篇》。——编注

② 一切……永恒正义］赫拉克利特残篇第80，53，见第尔斯－克兰茨编：《前苏格拉底哲学家残篇》。参见第欧根尼·拉尔修：《名哲言行录》，Ⅸ 8。——编注

③ 厄里斯（Eris）：不和女神，宙斯和赫拉的女儿。——译注

存的物质必然不断地更换形式，途径是：在因果性的引导下，机械的、物理的、化学的和有机的现象贪婪地竞相出现，彼此争夺着物质，因为每一种现象都想表现自己的理念。这种斗争遍布整个自然，甚至可以说，自然只有通过这种斗争才能存在。”接下来几页对这种斗争做了最为奇妙的说明，只不过叙述的基调始终不同于赫拉克利特，因为在叔本华看来，斗争表明了生命意志的自我分裂，是这种黑暗、抑郁的冲动的自耗，完全是一种可怕的、毫无喜悦可言的现象。这种斗争的战场和对象是物质：各种自然力试图彼此争夺物质，就像空间和时间一样，物质正是时间和空间借助因果性所实现的统一。

6

当赫拉克利特的想象力用喜悦的旁观者的眼光注视变动不居的宇宙即“现实性”，看到在快乐的竞赛中无数对选手在严格的裁判的监督下搏斗时，一种更高的想法油然而生。他再也无法把正在搏斗的一对选手和裁判区分开：裁判自己好像在比赛，竞赛者好像也在进行裁判。不错，因为从根本上说他所知觉到的只是永远居支配地位的正义，所以，他敢于宣布：多样性的斗争本身就是纯粹的正义！而且，从总体上说，一就是多。因为所有那些质在本质上是什么？它们是不朽的神吗？它们是彼此分离的、始终自行活动的本质吗？如果我们所见的世界只知道生成和消逝，而根本不知道持留，也许那些质本应构成一个别样的形而上世界，虽然不是阿那克西曼德在多样性的漂浮面纱下所寻求的那个统一的世界，而是一个永恒的、本质上多元的世界？也许在兜了一个圈子之后，赫拉克利特又一次陷入了他曾强烈地加以否认的二重世界秩序，一个是由无数不朽的神灵和魔鬼——即多种实在——组成的奥林匹斯世界，一个是只能看到奥林匹斯竞赛的硝烟和刀光剑影——即单纯生成——的人类世界？阿那克西曼德恰恰就是从确定的质逃避到形而上学“不定”的母腹之中的。因为这些确定的质不断生成和消逝，他否认它们拥有任何真正的、本

质性的此在。但这岂不是说，生成只不过是使永恒的质之间的斗争变得可见而已？也许在事物的本质中根本就没有生成，只有许多真正不生不灭的实在的同时并存。这岂不是说，我们之所以谈论生成，完全是由于人类知识本来就十分脆弱的缘故？

这是非赫拉克利特式的道路，也是错误的道路。他又一次呼喊："一即是多。"多种多样可知觉的质，既不像后来的阿那克萨哥拉所认为的那样是永恒的存在，也不像后来的巴门尼德所认为的那样是我们感官的幻觉，它们既不是凝固自主的存在，也不是人的头脑中稍纵即逝的假象。任何人都不能借助辩证的鉴别力或者通过计算猜到只预留给赫拉克利特的那第三种可能性，因为他在此所发明的，即使在神秘的奇迹和出人意料的宇宙隐喻范围内，也实属罕见。——世界是宙斯的游戏，或者用更为物理化的语言说，是火的自我游戏。只有在这个意义上，一才同时是多。——

为了首先解释采用火作为一种构成世界的力量，我要提醒人们注意阿那克西曼德以什么方式深化了用水作为事物本原的理论。尽管基本上相信泰利斯，并且强化和扩大了泰利斯的观察，但阿那克西曼德不能确信：在水之前和水之后，没有其他质的阶段。相反，在他看来，湿本身是由热和冷构成的，因此，热和冷应当是水的初期阶段，是更为源始的质。随着它们从"不定"的源始存在中分离出来，便开始了生成。作为物理学家，赫拉克利特秉承了阿那克西曼德的思想，但他对后者的热做出了重新解释，把它看作嘘气、热的呼吸和干燥的蒸汽，简言之，看作火热

的东西。[①] 现在，他就这个火所做的陈述，和泰利斯与阿那克西曼德就水所做的陈述是一样的：火通过无数次变化，首先是通过热、湿和硬这三种基本状态，走完生成之路。因为水一部分下降变成土，一部分上升变为火。或者像赫拉克利特仿佛更准确地表述的那样，从海上只升起纯净的蒸汽，用以滋养天上的星辰之火；从地上只升起浑浊而模糊的蒸汽，用以滋养潮湿。纯净的蒸汽是从海到火的通道，而不纯净的蒸汽则是从土到水的通道。火的两条变化之路就是这样不断运行的：上升和下降、前进和后退以及二者的同时并存。从火到水，从水到土，从土又回到水，从水再到火。[②] 如果说在若干最为重要的观念上——比如，火通过蒸汽得以保持，又比如，从水中分离出来的，部分是土，部分是火——赫拉克利特是阿那克西曼德的追随者，那么，在下述看法上，他却是独立的，并且与阿那克西曼德相冲突：阿那克西曼德把冷与热相并列，以便让湿从此二者中产生出来，而赫拉克利特却把冷排斥在物理过程之外。当然，对赫拉克利特来说，这样做是必然的，因为如果一切都应当是火，那么，在火的一切可能的变化中，就不可能有它的绝对对立面。所以，他必将把人们称为冷的东西解释为热的等级，并且能够毫不费力地证明这一解释。但是，与对阿那克西曼德学说的背离相比，下述一致性要重要得

① 作为……火热的东西］赫拉克利特残篇第 90, 66, 64, 118，见第尔斯－克兰茨编：《前苏格拉底哲学家残篇》；参见亚里士多德：《论灵魂》，405a 24。——编注

② 他就这个……再到火］参见第欧根尼·拉尔修：《名哲言行录》，Ⅸ 9—10；赫拉克利特残篇第 30, 31, 12，见第尔斯－克兰茨编：《前苏格拉底哲学家残篇》。——编注

多：和阿那克西曼德一样，他相信一种周期性循环的世界毁灭，相信另一个世界会不断地从焚毁一切的世界大火中重新产生。那个把世界推向世界大火、把世界分解为纯火的周期，被他以触目惊心的方式刻画为一种渴望和需要，而世界在火中的完全焚毁，则被他视为一种满足。[①]我们还有一个问题，即对于那重新产生的创世冲动、对于那熄灭自身从而恢复多样性形式的冲动，他是如何理解和命名的。下述希腊格言似乎有助于我们思考这个问题："自满生罪恶（亵渎）"。事实上，人们有时也许会这样想：赫拉克利特会不会是从亵渎中推论出向多样性的回归的。人们应当严肃地对待这个想法：在它的映照下，赫拉克利特的表情在我们眼前发生了变化，他那骄傲的眼光变得黯淡无神，布满皱纹的脸上显露出痛苦的克制和无助，仿佛现在我们懂得了为什么稍后的古代世界把他称为"哭泣的哲学家"了。现在，整个世界进程岂不成了一种亵渎行为？多样性岂不成了亵渎的结果？从纯到不纯的转化岂不成了不义的后果？现在，罪责岂不是被置于事物的核心，因而，虽然生成和个体的世界被免除了对这种罪责的责任，但同时又总是被重新判决要承担它的后果？

① 那个把……一种满足］赫拉克利特残篇第 65，见第尔斯 – 克兰茨编：《前苏格拉底哲学家残篇》。——编注

7

事实上，亵渎这个危险的字眼是每个赫拉克利特主义者的试金石。在此，他可以表明，他是理解了还是误解了他的导师。在这个世界上，有罪责、不义、矛盾和痛苦吗？

赫拉克利特喊道，有！但只适用于孤立地而非整体地看问题的目光短浅的人，而不适用于洞察一切的神。对于神来说，一切对立的事物均汇合于一种和谐，虽然肉眼凡胎看不到这一点，[①]但赫拉克利特这样的人却是看得见的，因为他近似于沉思冥想的神。在他的火眼金睛面前，他的周围世界不存在一丁点儿不义。甚至像纯火如何可以进入如此不纯的形式这样的基本障碍，也被他通过一种崇高的比喻克服了。一种生成与消逝，一种建设与破坏，没有道德责任，始终如一的清白，只有在这样的世界中才有艺术家和孩童的游戏。因此，就像孩童与艺术家在做游戏一样，永恒的活火也在做着游戏，时而建设，时而破坏，纯洁无邪，——无限的时间以这种游戏自娱自乐。[②]它变着花样在水中、

① 对于神……这一点］赫拉克利特残篇第102, 51, 8, 54，见第尔斯－克兰茨编：《前苏格拉底哲学家残篇》。——编注

② 无限的……自娱自乐］赫拉克利特残篇第52，见第尔斯－克兰茨编：《前苏格拉底哲学家残篇》。——编注

在土中堆积起来，就像海边的一个孩子，把沙堆堆起，又将其推倒。它不断重新开始自己的游戏。片刻的满足之后，他又会重新感觉到需要，就像艺术家感觉到创造的需要一样。不是盲动，而是不断觉醒的游戏冲动催生了另外的世界。孩子会偶尔扔掉玩具，但很快又会天真无邪地重新开始。但只要他进行建设，他就会合乎规律地按照内在秩序进行编织、装配和塑形。

只有审美的人才能以这种方式看世界，他从艺术家那里，从艺术作品的产生中看到，多样性的斗争本身如何能够具有规律和法则；艺术家如何既超脱地凌驾于艺术作品之上，又参与到艺术作品之中；必然性与游戏、冲突与和谐如何必须相结合从而产生出艺术作品。

现在，谁还会向这种哲学要求一种带有“你应”的绝对律令的伦理学，或者，谁还会责怪赫拉克利特有这种缺陷！如果人们所理解的自由是这样一种愚蠢的要求，即可以像换件衣服那样随意改变自己的本质（essentia），那么，人就彻头彻尾是必然性，彻里彻外是“不自由的”，迄今为止一切严肃的哲学都以应有的嘲讽反驳了这种要求。很少有人能够按照俯视一切的艺术家的眼光自觉地生活于逻各斯之中，[①] 这是因为，“当潮湿的泥浆充满了他们的灵魂”时，他们的灵魂是潮湿的，[②] 他们的眼睛和耳朵，甚

① 很少有人……之中］赫拉克利特残篇第 1, 2, 72，见第尔斯－克兰茨编:《前苏格拉底哲学家残篇》。——编注

② 他们的灵魂是潮湿的］赫拉克利特残篇第 117 第 77 行，见第尔斯－克兰茨编:《前苏格拉底哲学家残篇》。——编注

至于他们的理智都成了一个糟糕的证人。[1]至于为什么会这样，没有人追问，正如人们很少追问为什么火变成水和土一样。赫拉克利特没有理由一定要证实（就像莱布尼茨有理由这样做一样）这个世界是最好的世界，对他来说，下面一点就足够了，即这个世界是无限时间之美丽而纯洁的游戏。在他看来，总的说人甚至被视为一种非理性的存在，这与下述看法并不冲突：统领一切的理性法则贯穿于人的全部本性之中。人在自然界根本不占据任何特别优势的位置，自然界的最高现象是火，比如作为星辰的火，而不是幼稚的人。[2]如果人通过必然性参与到火之中，那么，他就是某种有理性的东西。就他由水和土构成而言，他的理性的状况并不是很好。没有这样一种义务：因为他是人，所以，他必须认识逻各斯。但为什么会有水？为什么会有土？对赫拉克利特来说，这个问题要比问为什么人如此愚蠢和不道德严肃得多。在最高和最低的人身上，显示出同样内在的规律性和正义。但是，如果人们要进一步追问赫拉克利特：为什么火不始终是火，为什么它时而是水，时而是土，那么，他仍然只能回答说："这是一种游戏，对它不要太当真，特别是不要用道德的眼光去看它。"赫拉克利特只是对现存的世界进行了描述，他对这个世界有一种静观的喜悦，艺术家正是用这样的喜悦看待他正在创作的作品的。只有那些因故不满于他对人所做的自然描述的人，才会觉得

① 他们的……证人］赫拉克利特残篇第107，见第尔斯－克兰茨编：《前苏格拉底哲学家残篇》。——编注

② 人在自然界……幼稚的人］赫拉克利特残篇第79第83行，见第尔斯－克兰茨编：《前苏格拉底哲学家残篇》。——编注

他阴郁、忧伤、多泪、阴沉、消沉、悲观，总而言之，可恨。但他根本不会在意这些人，不会在意他们的反感与同情、他们的爱与恨，并很可能这样教导他们：“狗总是朝它们不认识的那个人叫”[①]或者“对于驴来说，糠比金更珍贵”。[②]

由于这些不满，人们还常常抱怨赫拉克利特文风晦涩。也许从来没有一个人写得比他更清楚、更明朗。当然，他写得十分简洁，所以，对于那些走马观花式的读者来说，的确显得晦涩。但是，如果一个哲学家没有理由隐藏他的思想，或者，如果他不是一个十足的捣蛋鬼，以至于要用文字掩盖自己的思想贫乏，那么，他怎么会故意晦涩地进行写作——人们常常这样指责赫拉克利特——，这是完全无法加以解释的。但正如叔本华所说，人们甚至在日常实际生活事务中，也必须加以注意，通过清楚明白防止可能的误解。那么，人们怎么会允许在最困难、最深奥、几乎无法达到的思想对象上，含糊不清地，甚至令人费解地表达哲学问题呢？说到简洁，让·保尔[③]提出了一个很好的理论。“如果一切伟大的东西——即在一个非凡的精神看来具有多重意义的东西——仅仅被简洁地和（因而）晦涩地表达出来，素朴的精神宁愿将其宣布为无稽之谈，也不将之翻译为他的思想空洞，总的说

① 狗……叫］赫拉克利特残篇第97，见第尔斯－克兰茨编：《前苏格拉底哲学家残篇》。——编注

② 对于驴……更珍贵］赫拉克利特残篇第9，见第尔斯－克兰茨编：《前苏格拉底哲学家残篇》。——编注

③ 让·保尔（Jean Paul, 1763—1825年）：德国浪漫主义作家和诗人，原名约翰·保尔·弗里德里希·里希特尔（Johann Paul Friedrich Richter），主要作品有《武茨》《希本克斯》《巨神》《少不更事的年岁》等。——译注

来，这是正常的。因为素朴的精神有一种恶劣的能力，这就是在最深刻、最丰富的格言中只能看到自己的日常意见。”顺便说一下，赫拉克利特还是没有逃脱“素朴的精神”。斯多噶派已经把他重新解释为浅薄之辈，把其世界游戏的基本审美直观降低为关于世界实用性的普通思考，而且，还是为了人类的利益所做的思考。因此，在那些人的头脑中，赫拉克利特的物理学变成了一种粗暴的乐观主义，这种乐观主义不断要求所有人友好地喝彩（plaudite amici）。

8[1]

赫拉克利特是骄傲的，而当一个哲学家骄傲的时候，那是一种伟大的骄傲。他的工作绝不是为了“公众”、为了大众的赞许、为了同代人的一致喝彩。孤独地走自己的路，这属于哲学家的天性。他的天赋是最为稀罕的，在某种意义上是最不自然的，甚至与其他同类的天赋也是相排斥、相敌对的。为了不被摧毁和打碎，他的自满自足的城墙必须用金刚石筑就，因为所有的人都在与他作对。他通向不朽的旅途比任何人都要艰辛和坎坷，但没有人比哲学家更确信他能达到旅途的目的地，因为如果不站在一切时代那展开的宽阔翅膀之上，他根本不知道应站在何方；因为无视当前和眼下的东西构成了伟大哲学天性的本质。他抓住了真理：尽管时间之轮在转动，但无论它转向何方，它决不会逃离真理。关于这些人，重要的是要知道：他们确实曾经存在过。例如，作为一种无根据的可能性，人们绝对想象不出赫拉克利特的骄傲。从本质上说，对于知识的任何一种追求本身似乎总是不能令人满意的和令人失望的。因此，如果不是受到历史的启发，没有人会相信这样一种帝王式的自尊和自负是唯一愉快的真理追求

① 参见《五本未撰著作的五个序言》(CV) 1。——编注

者。这些人生活在他们自己的太阳系中，人们必须到那里去造访他们。毕达哥拉斯和恩培多克勒式的人物也是用一种超人的敬重，甚至用近乎宗教般的敬畏看待他们自己的，但是，与灵魂转世和生命统一性的伟大信念相连的同情纽带，把他们又一次引向他人，引向他们的幸福与拯救。而阿尔忒弥斯神庙[①]的爱菲斯隐士所具有的那种孤独之感，人们只有在荒凉至极的崇山峻岭间愣神发呆时，才能略微猜到几分。在他身上，没有任何充满同情感的强烈激情和愿望，去帮助、治疗和拯救。他是一颗没有大气层的星辰。他的眼睛向内看皓如明月，向外看则呆滞冷淡，仿佛只是装装样子而已。在他周围，幻觉和错误的波浪直接拍打着他那骄傲的城堡，他却厌恶地扭过脸去，不予理睬。而那些软心肠的人们同样会躲避这样一个仿佛由青铜铸成的面具。在一座僻静的寺院里，在众神像中间，或者在庄严肃穆的建筑旁，这样一种天性也许会显得可以理解。而在人类中间，作为一个人，赫拉克利特则是不近情理的。正如人们所看到的那样，当他注视着吵闹的孩子在游戏的时候，他所思考的绝不是一个人在这样的场合所思考的东西，而是伟大的世界顽童宙斯的游戏。[②]他不需要人类，甚至连赞同其见解的人也不需要。人们能够从他的见解中探询到什么，他之前的其他贤哲们努力加以探询的是什么，所有这些都不是他的兴趣所在。他轻蔑地谈论这些追问的、搜集的人，简言

① 阿尔忒弥斯神庙（Artemistempel）：古希腊最大的神庙，古代世界七大奇迹之一，位于古希腊殖民城市爱菲斯。赫拉克利特曾隐居于此。——译注

② 伟大的世界顽童宙斯的游戏〕赫拉克利特残篇第52，见第尔斯－克兰茨编：《前苏格拉底哲学家残篇》。——编注

之，这些“历史的”人。[1]“我探询和考察过我自己”[2]，他用人们用来表示探究神谕的一句话谈论他自己，仿佛只有他才是德尔斐神谕“认识你自己”的真正实践者和完成者。

然而，他把他从这个神谕中听出来的东西视为不朽的、具有永恒解释价值的智慧，就像西比尔[3]的预言一样，法力无边，影响深远。如果人们可以像解释神谕那样，对他像德尔斐神一样“既没表达，也没隐藏”[4]的东西做出解释，这对最遥远未来的人类而言就足够了。虽然他在宣布这种神谕般的东西时“没有微笑、修饰和奉承”，甚至仿佛是用“愤怒的口吻”[5]宣布的，但它必定会历经千秋万代，传至未来。由于世界永远需要真理，所以，世界永远需要赫拉克利特，虽然他并不需要世界。他的声誉与他有何关联？正如他以嘲讽的口吻所宣告的那样，声誉如“逝去的流水”！[6]与他的声誉有些关联的是人类，而不是他；人类的不朽需要他，而不是他需要赫拉克利特这个人不朽。他所看到的东西，即生成中的法则和必然性中的游戏的学说，从现在开始

① 他轻蔑地……人］赫拉克利特残篇第 40 第 129 行（可疑），见第尔斯－克兰茨编：《前苏格拉底哲学家残篇》。——编注

② 我探询和考察过我自己］赫拉克利特残篇第 101，见第尔斯－克兰茨编：《前苏格拉底哲学家残篇》。——编注

③ 西比尔（Sibylle）：古希腊神话中的预言女巫。——译注

④ 既没表达，也没隐藏］赫拉克利特残篇第 93，见第尔斯－克兰茨编：《前苏格拉底哲学家残篇》。——编注

⑤ 没有……口吻］赫拉克利特残篇第 92，见第尔斯－克兰茨编：《前苏格拉底哲学家残篇》。——编注

⑥ 声誉如“逝去的流水”］赫拉克利特残篇第 29，见第尔斯－克兰茨编：《前苏格拉底哲学家残篇》。——编注

必将永远被看到。他拉开了这部最伟大的戏剧的幕布。[①][②]

① 他所……幕布］准备稿：但人类从他那里得到了“生成中的法则”的学说，这是一切自然研究的基本信条。——编注

② 幕布］在付印稿（相关准备稿见《五本未撰著作的五个序言》1）中，接下去是这样一段话：这种最耀眼的声誉，真的不过像叔本华曾经说过的那样，是“我们自尊心最可口的点心”吗？——作为欲望，声誉只与非凡时刻的非凡之人有关。这就是那些顿悟的时刻，这时，一个人仿佛像创世时那样，伸出手臂，光从他自身被创造出来，并从他周身放射出去。在这样的时刻，他满怀一种最令人喜悦的确信：就像那令他超凡脱俗、卓尔不群的东西一样，这一见识的高远与深邃绝不会不为后世所知。这一顿悟为所有后来者所必需，在这种必要性中，这个人预感到了他的声誉的确凿的必然性。人类在其全部未来都需要他。正如那个令他卓尔不群的顿悟时刻就是他最本己天性的缩影和标志，他一方面相信他——作为这一时刻的那个人——是不朽的，一方面把所有其他的东西都作为残渣、垃圾、废物、畜生，或者作为累赘和负担加以抛弃，加以遗忘。我们看到任何一种消失都会感到不满：一所房子的倒塌令我们烦恼，甚至一棵大树的倒下也令我们沮丧。而这个短暂的尽善尽美的世界竟然没有后继者，就像一束飞逝而过化为乌有的光，这对道德的人造成了莫大的侮辱。他的律令毋宁说是这样的：那曾经存在并使“人”的概念变得更为完善的东西，必定也会永远存在；诸多伟大的时刻形成了一个链条；在这样的时刻中间，一个人类的山脉跨越数千年连为一体；对我来说，这样一个早已过去的时刻的制高点仍然是鲜活的，明亮而伟大；对声誉渴望的预见一定会得到实现。这是人性的基本思想。伟大的东西应当是永恒的，这一要求引发了可怕的人性斗争。因为所有其他还活着的东西喊道：不！作为我们注定都要吸入、弥漫在伟大的东西周围的重空气，那充满了世界每一个角落的普通的、渺小的、卑鄙的和邪恶的东西，带着阻力、抑制、窒息和迷惑，冲上了伟大的东西要实现不朽所必经的道路之上。这条道路经过了人的大脑！经过了可怜的、短命的人的大脑，尽管他们的需要微乎其微，但他们总是不断地产生同样的需要，并且极力争取多活一会儿。他们想活，想活一下，为此他们不惜一切代价！在他们之间进行着一场火炬接力赛，伟大的东西只有通过它才能继续存活下去，谁能设想出这场接力赛呢！不过，总会有几个人觉醒起来，他们会因那种伟大而感到幸福，仿佛人的生命是一件美妙的事情，仿佛认识到下面一点是这些痛苦的植物结出的最美的果实：一个人骄傲而淡然地走过这一生，另一个人带着忧郁，第三个人带着怜悯走过同样的一生，但他们都留下了同样的教训，即谁没有重视生活（Dasein），谁的生活就过得最好。如果说普通人如此沮丧而严肃地对待这一存在跨度，那些人则知道在其通往不朽的旅途上，为这一存在赢得崇高的笑声，或者至少赢得庄严的嘲笑。他们往往是带着嘲讽进入坟墓的——因为他们身上有什么可埋葬的呢！——。——编注

9

赫拉克利特的每一句话都表达了真理的骄傲和尊严，不过这里的真理是直观中的真理，而不是沿逻辑的绳梯向上攀缘的真理；他在西比尔式的狂喜中去看，而不是去窥；去知，而不是去算。在他的同代人巴门尼德那里，则有一个相反的形象与他并肩而立。巴门尼德也属于真理先知的类型，不过，他仿佛是由冰而不是火构成的，因而周身放射出刺眼的寒光。大概在其晚年的某个时刻，巴门尼德才处于最为纯粹的、摆脱了任何现实性的、全然苍白的抽象之中。在悲剧时代的两个世纪中，没有哪个时期比这个时刻更缺少希腊精神。关于存在的学说就是这个时刻的一个成果。这个时刻成了他自己生命的一块界碑，即把他的生命分成了两个时期。不过，这个时刻同时也把前苏格拉底思想分成了两半：前一半可以称为阿那克西曼德时期，后一半则完全可以称为巴门尼德时期。在巴门尼德自己的哲学思想中，第一个时期同样还具有阿那克西曼德的痕迹。这个时期产生了一个系统的哲学－物理学体系，作为对于阿那克西曼德所提问题的答复。当后来他被那个冰冷的抽象寒战抓住，从而提出关于存在与非存在的最朴素命题时，他自己的这个体系也就成了被他推向毁灭的诸多陈旧学说之一。不过，好像他并没有完全失去对其青年时代这个英俊

强壮的孩子的父亲般的怜惜，所以，他才会说："虽然只有一条正确的路，但如果人们打算走另一条路的话，那么，按照其质量和结论，只有我的早期观点是正确的。"他用这样的措辞进行自我辩护，甚至在那部关于自然的伟大诗作中，他也为其早期的物理学体系留下了相当大的空间，而这部诗作的本意是要宣告一种新的观点作为通向真理的唯一路标。这种父亲般的关爱，虽然本来可能是一时疏忽所造成的错误，但在一个完全被逻辑的呆板弄僵了的、几乎变为一架思想机器的性格中，却是仅存的人的情感了。

我觉得巴门尼德与阿那克西曼德的个人交往不是不可信的，而他出自阿那克西曼德的学说，这一点则不仅是可信的，而且是明显的。巴门尼德不相信一个单纯存在的世界和一个单纯生成的世界的完全分离，赫拉克利特对此持有同样的怀疑，从而导致了对存在的根本否定。两个人都在寻求一条出路，以便走出二重世界秩序的完全分离和相互对峙局面。阿那克西曼德借助于向不定、不定者的跳跃，彻底避开了生成及其经验的质的领域，而对于像赫拉克利特和巴门尼德这样性格独立的人来说，做这种跳跃是不容易的。他们试图尽量先步行跋涉，一直走到这样的地点才进行跳跃：即脚下再也没有立足之处，为了不跌落下去，人们不得不跳。两个人反复注视着那个世界，那是阿那克西曼德忧伤地加以指责的世界，是被其视为犯罪场所、视为生成的不义赎罪之所的世界。正如我们已经看到的那样，在这种注视中，赫拉克利特发现：在那种生成中，表现出神奇的秩序、规律性和确定性。他由此得出结论，生成本身绝不可能是什么亵渎的和不义之物。

巴门尼德则提出了一种完全不同的看法。他对各种质做了相互比较，确信自己发现了这样一点：这些质并不完全是同类的，而是必须被分为两大类。例如，他比较了明与暗，认为第二种质显然只是对第一种质的**否定**。于是，他区分了肯定的质和否定的质，并努力在整个自然界重新找到并记录这种基本对立。他的方法是这样的：设想一对儿对立的现象，如轻与重、薄与厚、主动与受动，按照明与暗的对立模式对其做出解释。与明相符的是肯定的特性，与暗相合的则是否定的特性。比如，假设他选取了重与轻，那么，轻就属于明这一边，而重则属于暗这一边。所以，在他看来，重只是对轻的否定，而轻则是一种肯定的特性。从这种方法中，已经产生了一种抗拒和无视感官暗示的、抽象的逻辑程序的能力。就感官而言，重似乎确定无误地显示为肯定的质，但这并未阻止巴门尼德给它带上否定的标签。同样，他把与火相对的土、与热相对的冷、与薄相对的厚、与阳相对的阴、与主动相对的受动，都仅仅视为否定。于是，从他的眼光看来，我们的经验世界分成了两个彼此分离的领域：肯定特性的领域（带有明、火、热、轻、薄和主动的性质）和否定特性的领域。后者实际上仅仅意味着另一个肯定领域的缺失与不在场。所以，他把缺乏肯定特性的领域描述为暗、土、冷、重、厚的性质，总之，描述为阴柔、受动性质。他没有用“肯定”和“否定”这样的表述，而是用了“存在者”和“不存在者”这样的固定术语，从而提出了这样的原理：与阿那克西曼德相反，我们这个世界本身包含着一些存在的东西，但也包含一些不存在的东西。人们不应到世界之外，或者仿佛到我们的视域之外去寻求存在者。毋宁说，就在我

们面前，就在那生成之中，到处都包含着一些存在的东西，而且这些东西处于活动之中。

但在这里，他还要完成这样一个任务，即准确地回答这个问题：什么是生成？——这就是他为了不跌落必须进行跳跃的地方，尽管对巴门尼德这样的天性来说，也许那种跳跃本身就被看作跌落。不用说，我们要陷入迷雾之中，陷入隐蔽的质（qualitates occultae）的神秘教义之中，甚至有几分陷入神话之中。和赫拉克利特一样，巴门尼德注视着普遍的生成与变易，他只能这样解释消逝：即它是由不存在者造成的。因为存在者怎么会承担消逝的责任呢！但同样，产生也必须借助不存在者才能实现，因为存在者始终在此，所以，不能从自身中产生，因而不能说明产生。因此，无论是产生还是消逝，都是由否定的特性引起的。但如果说产生就是拥有一个内容，消逝就是失去一个内容，那么，前提是：肯定的特性——就是说，那个内容——同样参与到了两个过程之中。简言之，就有了下述原理："对于生成来说，存在者和不存在者都是必不可少的。当它们共同起作用时，就有了生成。"但是，肯定的东西和否定的东西怎样彼此照面呢？作为两种对立的东西，它们岂不是要永远向相反的方向逃遁，从而使得任何一种生成成为不可能吗？在此，巴门尼德诉诸一种隐蔽的质，一种对立面之间相互接近、相互吸引的神秘爱好，而且，用阿佛洛狄忒[1]的名字、用经验所熟知的两性关系来象征这两种对立的

① 阿佛洛狄忒（Aphrodite）：希腊神话中的爱神，即罗马神话中的爱神维纳斯。第二代神王克洛诺斯（Cronus）割下他父亲乌拉诺斯的阳具并抛入爱琴海，从掀起的浪花中诞生了阿佛洛狄忒。——译注

特性。[1] 阿佛洛狄忒的力量在于，把对立的双方、把存在者与不存在者结合在一起。一种欲望把彼此冲突、彼此仇恨的要素引到一起，结果就有了一种生成。一旦欲望得到了满足，仇恨和内在冲突便会再一次使存在者与不存在者相互分离，那时，人们就会说："该物消逝了"。——

① 阿佛洛狄忒……的特性］巴门尼德残篇第1第27行，见第尔斯－克兰茨编：《前苏格拉底哲学家残篇》。——编注

10

然而，没有人能够在不受惩罚的情况下强占像“存在者”和“不存在者”这样的可怕抽象。人们一旦接触它们，血液就会逐渐凝固。有一天，巴门尼德产生了一个奇怪的念头，仿佛他先前的全部推论都失去了价值，于是，他打算像丢掉装有旧币的钱包一样把那些推理丢在一旁。人们一般认为，在那一天的发明中，起作用的不仅有像“存在者”和“不存在者”这些概念的内在必然性，而且，也有一种外部的影响，即他接触了年老的科罗封人色诺芬[①]的神学，这是一位游历四方的吟游诗人，是一种神秘的自然崇拜的讴歌者。作为流浪诗人，色诺芬经历了非凡的生活，通过云游，逐渐成为一个阅历丰富和循循善诱的人，善于发问和叙述。所以，赫拉克利特[②]把他归入博学者之列，归入上述“历史的”天性之列。至于对他来说，向往“一”和“永恒不动”的神秘倾向何时以及从哪儿开始，人们已经无法加以推算。也许它是一个终于在一个地方定居下来的白发老人的思想，在经历了颠

---

① 色诺芬（Xenophanes，前 570—前 475 年）：古希腊哲学家和诗人，爱利亚学派创始人。——译注

② 赫拉克利特］残篇第 40，见第尔斯－克兰茨编：《前苏格拉底哲学家残篇》。——编注

沛流离和不懈的学习、研究之后，面对一派神圣宁静的景象，面对在泛神论的源始和谐之中持留的万物，他感到了那种至高与至大。此外，下面一点在我看来纯属偶然：两个人在同一个地方，即在爱利亚共同生活了一段时间，期间，两个人的头脑中都具有了一种统一性的观念。他们没有建立学派，也没有任何共同性的思想可以彼此借鉴，进而继续传播。因为他们那种统一性观念的来源极为不同，甚至截然相反。即使一个人尝试了解另一个人的学说，那么，仅仅为了理解之故，他必须首先把它翻译成他自己的语言，而在这种翻译中，另一种学说的特色必然会丧失掉。如果说巴门尼德完全是通过一种臆想的逻辑结论，从存在和不存在的概念中编织出存在者的统一性，那么，色诺芬则是一个宗教神秘主义者，他连同那种神秘的统一性理应属于公元前 6 世纪。尽管他的个性不像毕达哥拉斯那样具有革命性，但在游历过程中，他也有同样的倾向和冲动，去改善、净化和救治人类。他是伦理导师，不过尚处于吟游诗人的程度。后来，他似乎变成了一个智者。在对现存习俗和道德评价进行大胆抨击方面，整个希腊没有人能和他相提并论。而且，他绝不像赫拉克利特和柏拉图那样隐退到个人的孤独之中，而是直接面对公众，以愤怒和嘲笑的口吻，严厉谴责了他们对荷马的欢呼赞叹，对体育竞赛荣誉的强烈爱好，对人形石头的顶礼膜拜，尽管还没有像忒尔西忒斯[①]那样极尽谩骂之能事。个体的自由在他身上发挥得淋漓尽致。把他与

① 忒尔西忒斯（Thersites）：特洛伊战争时希腊联军中最丑陋的人，经常惹是生非，骂不绝口。——译注

巴门尼德更紧密地联系在一起的，与其说是那最终的神圣统一性，不如说是对一切陈规陋习的近乎彻底的摆脱。这种统一性是他在那个世纪一派庄严的景象中看到的，与巴门尼德的存在几乎没有共同的表达和语词，不用说，也没有共同的起源。

更确切地说，巴门尼德是在一种相反的状况中发现其存在学说的。就在那一天，就在这种状况中，他考察了那两个共同起作用的对立面（其欲望和仇恨构成了世界和生成），即存在者和不存在者、肯定特性和否定特性。突然，他心存怀疑地停在了否定特性和不存在者的概念上。某种不存在的东西可能是一种特性吗？或者问这样一个更为原则性的问题：某种不存在的东西可能存在吗？我们马上给予绝对信任的唯一知识形式就是 A = A 这个重言式，否认它无异于神经错乱。坚定地召唤着他的正是这种重言式知识：不存在者不存在！存在者存在！突然，他感到一种巨大的逻辑罪恶压在他的生命之上：他曾经一直毫不犹豫地认为，“有”否定的特性和不存在者，用公式表达就是 A = 非 A。恐怕只有完全的思想错乱才会提出这样的理论。虽然像他所认为的那样，绝大多数人都是用同样的思想错乱进行判断的，他自己只不过参与了普遍的反逻辑罪过。但就在他为这种罪过而自责的同时，他也为一种发现的光辉所照耀。此时此刻，他走出了人类的一切错觉，发现了一个原理，即揭开世界秘密的钥匙。现在，他借助于关于存在的重言真理这只有力而可怕的大手，步入了事物的深渊。

在通往事物深渊的路上，他遇到了赫拉克利特，这是一次不幸的邂逅！对于巴门尼德来说，最为严格地区分存在与非存

在具有至关重要的意义，这时的他对于赫拉克利特的二律背反游戏一定是深恶痛绝。“我们既存在，又不存在”，[1]“存在与非存在既同一，又不同一”，[2]这个命题使巴门尼德刚刚弄清的问题又一次变得晦暗不明，令其勃然大怒。他大声喊道；“让那些仿佛长着两个脑袋却一无所知的家伙见鬼去吧！[3]在他们那里，一切皆流，包括他们的思想！他们稀里糊涂地盯着事物，但一定是又聋又瞎，[4]所以才会这样把彼此对立的事物混淆起来！”群众的无知，经过儿戏般二律背反的粉饰，便被称赞为一切知识的顶峰。对于巴门尼德来说，这是一件可悲的、不可思议的事情。

现在，他沉浸在他那可怕的抽象的冷水浴中。凡真实的东西，必存在于永恒的现在，不能说“它曾在”或“它将在”。[5]存在者不可能生成，因为它会从何处生成呢？从不存在者吗？但不存在者不存在，不可能产生任何东西；[6]从存在者吗？存在者只能产生它自己，产生不了别的东西。消逝的情形亦然。它和生成、变化、增长和减少一样，都是不可能的。从总体上说，只有下述

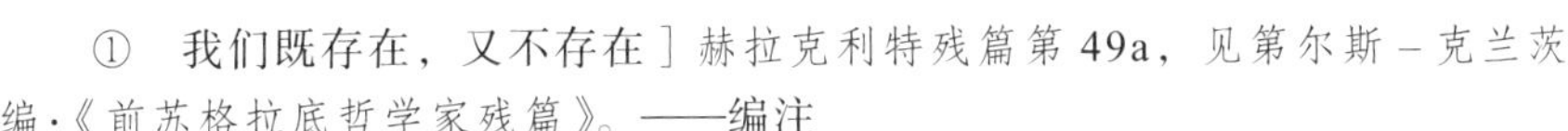

① 我们既存在，又不存在］赫拉克利特残篇第49a，见第尔斯－克兰茨编：《前苏格拉底哲学家残篇》。——编注

② 存在与……同一］不过不是赫拉克利特，而是巴门尼德，残篇第6第8—9行，见第尔斯－克兰茨编：《前苏格拉底哲学家残篇》。——编注

③ 他大声……见鬼去吧］巴门尼德残篇第6第5行，见第尔斯－克兰茨编：《前苏格拉底哲学家残篇》。——编注

④ 他们稀里糊涂……又聋又瞎］巴门尼德残篇第6第7行，见第尔斯－克兰茨编：《前苏格拉底哲学家残篇》。——编注

⑤ 凡真实的……将在］巴门尼德残篇第8第5行，见第尔斯－克兰茨编：《前苏格拉底哲学家残篇》。——编注

⑥ 因为……任何东西］巴门尼德残篇第8第7—13行，见第尔斯－克兰茨编：《前苏格拉底哲学家残篇》。——编注

命题是有效的：一切可以被说成“它曾在”或“它将在”的东西，都不存在；而对于存在者，决不能说“它不存在”。[①]存在者是不可分的，因为分割它的第二种力量在哪儿呢？它是不动的，因为它应向何处运动呢？[②]它既不可能无限大，也不可能无限小，因为它是已完成的，而一种已完成的无限性是一个矛盾。所以，它是有限的、已完成的、不动的，在各方面都是平衡的，在每一点上都是完全的，像一个悬浮的球体，[③]但又不在一个空间中，因为那样的话，这个空间就是第二个存在者了。但是，不可能有多个存在者，因为为了把它们分开，必须有某种不是存在者的东西，这是一个自相矛盾的假定。所以，只有永恒的统一性。

但是，当巴门尼德的目光现在重新落到生成的世界——他早年曾试图通过巧妙的推论把握这个世界的实存——时，他开始对自己的眼睛和耳朵表示愤怒：它们竟然看到、听到了生成。“不要跟随茫然的眼睛”，他这样说出了他的律令，“不要跟随轰鸣的耳朵或舌头，而只用思想的力量加以辨明。”[④]就这样，他首次对认识装置进行了极为重要的批判，尽管这种批判是有欠缺的，其后果是灾难性的。他把感觉和抽象思维能力即理性断然分隔开

① 消逝的……不存在］巴门尼德残篇第8第19—21行，见第尔斯－克兰茨编:《前苏格拉底哲学家残篇》。——编注

② 存在者……运动呢？］巴门尼德残篇第8，22—26，见第尔斯－克兰茨编:《前苏格拉底哲学家残篇》。——编注

③ 所以……的球体］巴门尼德残篇第8第42—44行，见第尔斯－克兰茨编:《前苏格拉底哲学家残篇》。——编注

④ 不要……辨明］巴门尼德残篇第7第3—5行，见第尔斯－克兰茨编:《前苏格拉底哲学家残篇》。——编注

来，仿佛它们是两种截然分离的能力，结果，他就完全击碎了理智本身，促成了“精神”与“肉体”的完全错误的分离。特别是自柏拉图以来，这种分离就像一种灾难压在哲学之上。巴门尼德断言，一切感性知觉只能产生假象，而它们的一个主要假象恰恰就是，它们使人们错误地相信：不存在者也存在，生成也存在。根据经验加以认识的那个世界的全部多样性和丰富性，它的质的变化，其上升与下降的秩序，都被作为单纯的假象和错觉无情地甩在了一边。从这个世界，人们学不到任何东西，因此，人们为迁就这个虚构的、彻底无效的、仿佛是通过感官骗取的世界所做的任何努力，都是徒劳的。谁要是像巴门尼德所做的那样从总体上做出判断，他就不再是一个着眼于细节的自然科学家了。他对现象的关心干枯了，他甚至产生了一种怨恨，恨自己不能摆脱这种感官的永恒欺骗。现在，真理只能栖息于最苍白、最抽象的普遍性之中，栖息于由最不确定的言语筑就的空壳之中，如同栖息于蜘蛛网之中。我们这位哲学家就坐在这样一种“真理”旁，和抽象概念一样没有血色，全神贯注于一般化的程式之中。蜘蛛还是要吃它的猎物的血，而巴门尼德式的哲学家所痛恨的却恰恰是其猎物的血：被他扼杀的经验之血。

11

这是一个希腊人，伊奥尼亚革命爆发时大概正值他的鼎盛年。对当时的一个希腊人来说，有可能像逃离一个完全由想象力虚构的公式化一样，逃离异常丰富的现实性，但决不是像柏拉图那样，逃向永恒的理念王国，逃向创世者的工作室，以便欣赏事物那完美的、不朽的原型，而是逃向最冷静、最空洞的存在概念这个僵硬的死一般的沉寂之中。我们要避免按照错误的类比去说明这种独特的事实。这种逃离不是印度哲学家意义上的一种遁世，促成这种逃离的不是对于人生的堕落、短暂和不幸的深刻的宗教信念。其最终目标即存在中的沉寂，不是以下述方式达到的：神秘地进入一种酣畅的、心醉神迷的冥想状态，这种状态对普通人来说是一个谜和一种不快。巴门尼德的思想中丝毫没有印度思想那种醉人的醇香，而在毕达哥拉斯和恩培多克勒身上，这种醇香也许并不是完全感觉不到的。确切地说，在这个时期，上述事实的奇怪之处恰恰在于没有芳香、没有色彩、没有灵魂、没有形式；在于完全缺乏血液、宗教热忱和伦理热情；在于那抽象的公式化——竟然是在一个希腊人身上！特别是在一个神话式思维的、最富动感和想象的时代，竟然有如此可怕的能量去追求确定性。巴门尼德祈祷说：诸神啊，只求赐给我一种确定性。在充满不确定性的海洋上，它也许只是一块薄薄的木板，却足以容我立足！你们把一切生成的、繁茂的、多彩的、繁荣的、虚假的、美丽的、生动的东西都拿走吧，只求赐给我那唯一的、贫乏的、空洞的确定性！

本体论的主旋律在巴门尼德哲学中奏响了序曲。[①] 经验在任何地方都没有向他呈现他所设想的那样一种存在，但由此可知：他可以思想存在，于是他得出结论：存在（Sein）必然实存（existiren）。这一结论基于下述假定：我们拥有一种可以通达事物本质、独立于经验的认识器官。按照巴门尼德，我们的思想材料绝不在直观中，而是来自另外的地方，来自一个感觉之外的世界，我们可以通过思想直接进入这个世界。亚里士多德[②] 已经有效地反驳了所有类似的推理程序：实存绝不属于本质（Essenz），此在绝不属于事物的本质（Wesen）。所以，从“存在”——它的本质（essentia）恰恰就仅仅是存在——的概念中，绝不能推出存在的一种实存（existentia）。如果没有作为其基础的对象，如果不能提供相应的直观——这种对立就是通过抽象从这种直观中推导出来的——，那么，“存在”与“非存在”对立的逻辑真理就是完全空洞的；如果不追溯到直观，它就仅仅是一个概念游戏，事实上，通过它人们得不到任何知识。因为虽然如康德[③] 所教导的那样，真理的纯逻辑标准即一种认识与知性和理性之普

① 本体论……序曲］准备稿：巴门尼德是本体论证明的发明者。——编注

② 亚里士多德］《后分析篇》，92b 4—11; b 19—25; 93a 26—27; 91a 1—6。——编注

③ 康德］《纯粹理性批判》，科学院版，Ⅲ，80。——编注

遍的、形式的法则相符合是真理的必要条件（conditio sine qua non），因而是一切真理的消极条件，但逻辑不能再进一步，就是说，逻辑不能借助于任何试金石发现那种不涉及形式只涉及内容的错误。但是，只要人们寻求“存在者存在，不存在者不存在”这个对立面的逻辑真理的内容，那么，人们事实上根本不会发现与那个对立面严格对应的唯一现实性。对于一棵树，我既可以把它与所有其他事物进行比较，说：“它存在”；也可以把它与另一个时刻的自己进行比较，说：“它将在”；最后，还可以说：“它不存在”，比如，“它还不是树”，如果我看到的是灌木。语词只是代表事物之间以及事物和我们之间关系的符号，因而，在任何地方都不涉及绝对真理。“存在”一词仅仅表示联结一切事物的最普遍关系，“非存在”一词亦然。但是，如果事物的实存本身是不可证实的，那么，事物之间的相互关系，即所谓的“存在”与“非存在”也不能使我们向真理的王国跨近一步。借助于语词和概念，我们永远不会穿越关系之墙，进入事物的任何一种神秘根源之中，甚至在感性和知性的纯形式中，在空间、时间和因果性中，我们也没有获得任何看似永恒真理（veritas aeterna）的东西。对于主体来说，要想超出自身之外去观察和认识某物，是绝对不可能的，以至于认识和存在是所有领域中最相互矛盾的两个领域。如果说当时的理智批判还很肤浅幼稚，所以，巴门尼德还可以幻想从永恒的主观概念达到一个自在的存在（An-sich-sein），那么，在康德以后的今天，下述做法就是一种十足的无知：在有些地方，特别是在那些想冒充哲学家的孤陋寡闻的神学家中间，“用意识去把握绝对”被视为哲学的任务，比如，黑格尔就曾说过，[1]“绝对已经存在，否则，它如何能够被寻求？”；贝内克[2]也曾说过，“存在无论如何一定是有的，无论如何一定是我们可以达到的，否则，我们就不可能拥有存在的概念。”拥有存在概念！好像它没有在这个词的词源上提示出最粗陋的经验起源似的！因为存在（esse）本来的意思只是“呼吸”，当人使用所有其他事物的时候，他会通过一种隐喻，就是说通过某种非逻辑的东西[3]，按照人的类比，把他自己呼吸着、活着这样的信念传递到其他事物上去，从而把他们的实存理解为一种呼吸。现在，这个词的源始含义几乎已经消失了，但这样一种习惯则始终在很大程度上得到了保留：人按照自己此在的类比，以人格化的方式，总之，通过一种非逻辑的传递去想象其他事物的此在。但撇开这种传递不谈，对人来说，“我呼吸着，所以，有一种存在”这个命题本身也是完全不充分的，因此，必须对其提出异议，就像人们必须对“行走着，所以，存在（ambulo, ergo sum oder ergo est）”这个命题提出异议一样。

① 黑格尔曾经说过］准备稿：臭名昭著的黑格尔可能曾经说过。——编注

② 贝内克（Friedrich Eduard Beneke, 1798—1854年）：德国哲学家和心理学家，主要著作有：《形而上学与宗教哲学》《新心理学》等。——译注

③ 非逻辑的东西］准备稿：无论如何不是逻辑的东西。但呼吸本身并没有证明这种存在：——按照严格的逻辑，我们绝不应从自己的存在中断言任何东西，所以，我们有相当的理由必须相信这一点：由此可知，我们感到喜悦和不快，从而拥有观念——。——编注

12

比存在者概念内涵更大的另一个概念，同样已经被巴门尼德所发现，尽管在对它的使用上，还没有他的学生芝诺那样得心应手，这就是无限的概念。无限的东西是不能实存的，因为按照这样一种假定，就会产生“既成的无限”这样一个矛盾概念。当我们的现实性、我们的当下世界到处都具有那种“既成的无限”性质的时候，这就意味着这个世界在本质上违反了逻辑，因而也违反了实在，所以，是假象、谎言和幻觉。芝诺特别运用了间接的论证方法。例如，他说：“不可能有从一个地方到另一个地方的运动，因为如果有这种运动的话，就会出现既成的无限，而这是不可能的。”在赛跑中，阿基里斯不可能追上先行一小步的乌龟，因为仅仅为了达到乌龟出发的那一点，他就必须已经跑过无数的、无限的空间，即先跑完那个空间的二分之一，然后四分之一、八分之一和十六分之一，以至无穷。如果他实际上追上了乌龟，那么，这就是一个不合逻辑的现象，所以，无论如何不是真理，不是实在，不是真正的存在，而仅仅是一个假象。因为无限是绝不可能穷尽的。这一学说的另一种流行的表达方式是飞矢不动。箭在飞行的任何一个瞬间都会占有一个位置，在这个位置上它是静止的。无限静止位置的总和就等同于运动吗？无限重复的静止就是运动，从而是其自身的反面吗？在此，无限被用作溶解现实性的硝酸。但是，如果概念是固定的、永恒的和存在的（在巴门尼德看来，存在和思想是重合的），如果无限绝不可能是既成的，如果静止绝不可能变为运动，那么，箭实际上就根本没有飞。它根本就没有发生位移，根本没有走出静止，也没有任何时间消逝。或者，换句话说，在这个所谓的、表面的现实性中，既没有时间，也没有空间，又没有运动。最后，箭本身也仅仅是一个假象，因为它来自多样性，来自由感官引起的“非一”的幻象。假设箭有一种存在，那它也是不动的、非时间的、没有生成的、凝固的和永恒的——一个不可能的观念！假设运动是真实的，那么，就没有静止，箭不占有位置，也不占有空间——一个不可能的观念！假设时间是真实的，那么，它就不可能是无限可分的；箭所需要的时间一定是由有限数目的瞬间组成的，每一个瞬间一定是一个原子——一个不可能的观念！一旦由经验提供的、由我们这个直观世界得到的内容被视为永恒真理，我们的全部观念就会陷入矛盾。如果有绝对运动，那么，就没有空间；如果有绝对空间，那么，就没有运动；如果有一个绝对的存在，那么，就没有多样性；如果有一种绝对的多样性，那么，就没有统一性。这里，人们可以清楚地看到，借助于这些概念，我们很难触及事物的核心或者解开实在的纽结。与此相反，巴门尼德和芝诺却坚持概念的真理性和普遍有效性，把直观的世界作为真实的、普遍有效的概念的对立面，作为不合逻辑的、矛盾的东西的客观化加以抛弃。在他们的全部证明中，他们都是从这样一个完全无法证明、甚至不大可能的前提出发的：我们在那种概念

能力中拥有最高的决定性标准，可以判别存在与非存在，即客观实在性与非客观实在性；那些概念不应按照现实性加以证明和修正——尽管它们是从现实性中得来的——，相反，它们应当对现实性加以衡量和判决，如果现实性与逻辑发生冲突，它们甚至会判决现实性有罪。为了能够赋予那些概念审判权，巴门尼德必须把他所认为的唯一存在归于那些概念。现在，思想和那个非生成的、完满的存在者之球不再被说成是两种不同的存在，因为不允许有存在的二重性。于是，这样一种大胆的思想就成为必然：即把思想与存在解释为同一的。这里，任何形式的直观、象征和比喻都帮不上忙。这种思想是完全无法表象的，但它却是必然的，甚至它要以任何一种感性可能性的缺乏来欢庆对于世界和感官要求的最高胜利。按照巴门尼德的律令，思想和那块圆球状的、完全实心的、凝固不动的存在必然重合为一、完全相同，这令一切幻想相形失色。就让这种同一与感官相对立吧！恰恰这一点担保了它不是来自于感官。

13

此外，还有两个强有力的人身攻击论证（argumenta ad hominem oder ex concessis）[①] 反驳了巴门尼德。通过这两个论证，虽然真理本身没有得到揭示，但感性世界与概念世界的绝对分离以及存在与思想同一性的非真理性，则得到了昭示。第一，如果在概念中进行的理性思维是实在的，那么，多样性和运动也必然具有实在性，因为理性思维是运动的，而且是从概念到概念的运动，就是说，是在多数实在之间的运动。对此，没有任何异议。绝不可能把思维视为一种僵化的持留，视为统一性的一种永恒不动的自我思维。第二，如果从感觉中只能产生欺骗和假象，如果实际上只有思维与存在的真实同一性，那么，感觉本身是什么呢？同样只能是假象，因为它并不等同于思想，它的产物即感性世界也不等同于存在。但如果感觉本身是假象，那么，它对谁来说是假象呢？作为非实在的东西，它怎么还能欺骗呢？不存在者是不能进行欺骗的。所以，欺骗和假象从何而来的问题仍然是

① 人身攻击论证，也可译为人身批评论证，指在论辩过程中不是针对对方的论证本身，而是针对做出论证的个人。人身攻击论证有几种表现形式，其中的一种形式是这样的：通过指出论敌无法彻底贯彻自己的主张而反驳对方。尼采这里即是在此意义上使用人身攻击论证的。——译注

一个谜，甚至是一个矛盾。我们把这些人身攻击论证称为运动的理性的抗辩和假象来源的抗辩。从第一种抗辩可以得出运动和多样性的实在性，从第二种抗辩可以得出巴门尼德的假象的不可能性，前提是：巴门尼德关于存在的主要学说被认为是有根据的。

但是，这种主要学说仅仅意味着：只有存在者存在，不存在者不存在。然而，如果运动是这样一种存在，那么，一般说来在任何情况下都适用于存在者的东西，也就适用于它，结果，运动就是非生成的、永恒的、不灭的，没有增加，也没有减少。不过，要想借助于假象从何而来的问题否定这个世界是假象，要想针对巴门尼德的摒弃，捍卫所谓生成、变化的舞台，捍卫我们多样化的、无休止的、丰富多彩的实存，就必须把这个变化的世界刻画为这些真实存在着的、永远同时存在的本质的**总和**。当然，在这个假定下，人们还决不能谈论一种严格意义上的变化和生成。但现在多样性拥有一种真正的存在，所有的质都拥有一种真正的存在，运动也不例外。对于这个世界的任何一个瞬间，即使这些任意选出的瞬间彼此相隔数千年，人们也一定能够说：存在于这些瞬间的一切真正的本质都是同时在此的、不变的和不灭的，没有增加，也没有减少。一千年以后，它们会同样如此，不发生任何变化。尽管世界这一次看上去与另一次完全不同，但这不是欺骗，也不仅仅是假象的东西，而是永恒运动的结果。真正的存在者不断变换着自己的运动方式：时而相互靠近，时而彼此分开；时而向上，时而向下；时而相互交叉，时而乱作一团。

14

随着这个观念，我们已经向阿那克萨哥拉学说的领地迈出了一步。上述强烈反对巴门尼德的两个抗辩，即运动思想的抗辩和假象从何而来的抗辩就是由他提出的。但在基本原理上，巴门尼德却仍然支配着他以及所有更年轻的哲学家和自然科学家。他们都否认大众意识认为的、阿那克西曼德和赫拉克利特虽然更加审慎但仍嫌轻率地假定的生成和消逝的可能性。这样一种神话般的产生于无和消逝于无，这样一种从无到某物的随意变化，这样一种质的随意变换和更换，从此以后被认为是无意义的。但基于同样的理由，以泰利斯或赫拉克利特的方式，从一中生出多，从单一的基质（Urqualitaet）中生出各种不同的质，简言之，从一个源始材料中导出整个世界，也被认为是无意义的。毋宁说，现在下述本真的问题被提了出来：把非生成的、不朽的存在的学说移植到这个现存世界之上，而又不逃避到假象学说和感官欺骗学说之中。但是，如果说经验世界不应当是假象，如果说事物不应发源于无或者某一种物，那么，这些事物本身必须包含一种真正的存在，它们的质料和内容必定是绝对实在的，而且，一切变化只能涉及这些永远同时存在的本质的形式，即它们的位置、秩序、分类、化合与分解。这就如同掷骰子游戏：那些骰子始终是一样

的，但时而这样落下，时而那样落下，它们对我们来说就具有了不同的意义。所有先前的理论都以一种原始元素为根据，作为生成的母腹和根源，无论是水、气、火，还是阿那克西曼德的不定。与此相反，现在阿那克萨哥拉断言：从相同的东西中绝不能产生不相同的东西，而且，变化也绝不能从一种存在者中得到解释。无论人们怎样设想对那种假定的质料进行稀释或浓缩，他们绝不能通过这种浓缩或稀释达到他们希望加以解释的东西：质的多样性。但是，如果事实上世界充满了各种最为不同的质，如果这些质不是假象，那么，它们必定拥有一种存在，就是说，必定是永远不生不灭的和始终同时存在的。但它们不可能是假象，因为假象从何而来的问题还没有得到回答，甚至只有否定的回答！先前的研究者们想通过下述方式简化生成的问题：即他们只提出一种实体（Substanz），它在自己的母腹中拥有一切生成的可能性。与此相反，现在的说法是：有无数个实体，但绝不再增加或减少，也不再更新。只有运动不断重新向各个方向摇动这些实体，就像掷骰子一样。[①] 但阿那克萨哥拉从我们思想观念的毋庸

① 各个方向］在准备稿中接着是这样一段话：但是，如果与巴门尼德相反，他通过活跃的〔逻各斯〕奴斯（νοῦς）证明运动，那么，这种运动从何而来？也许就是从这个奴斯而来？这正是阿那克萨哥拉的奇妙想法。现在，他必须马上告诉我们，这个奴斯是什么。阿那克萨哥拉没有宣称经验世界是假象，所以，他也没有理由说感觉是欺骗和虚假的预言者。只要感觉向我们显示真实的质，那么，感觉就是真实的，因而也像抽象思想一样言说真理。被巴门尼德所割裂的理智，又被阿那克萨哥拉统一起来了。于是，运动——首先是身体的运动——被他看作实在的东西，不过，他由此了解到：运动与意志行为密不可分，也与愤怒、恐惧和愿望密不可分；所有这些情感引起了意志，继而引起了运动。希腊语为他提供了一个词，能够在最宽泛（转下页）

置疑的前后相继中，反驳了巴门尼德，证明了运动是一种真理，而不是一个假象。这样，我们就以最直接的方式认识了运动和前后相继的真理，我们就是在这种运动和相继中进行思考和拥有观念的。这样，巴门尼德那僵硬的、静止的、无生命的、单个的存在无论如何被从路上清除了。有很多存在者，同样确定的是，所有这些存在者（实存，实体）都处于运动中。变化即运动，但运动从何而来？也许这种运动根本没有触及那众多的、独立的、彼此孤立的实体的真正本质，因而，按照最严格的存在者观念，它岂非必然在实质上不同于那些实体？还是说，尽管如此它们仍属于事物本身？我们面临一个重要的决定：我们将根据我们选定的方向，进入阿那克萨哥拉、恩培多克勒或德谟克利特的领地。人们必然会提出这样一个充满疑虑的问题：如果有多个实体，而且，这些实体都处于运动中，那么，是什么在推动它们？它们是相互推动吗？也许仅仅是重力在推动它们？或者事物自身具有吸引和排斥的魔力？或者运动的原因在这些众多的、实在的实体之外？或者，换一种更为严格的问法：如果两个事物显示出一种前后相继和位置的相互变化，这是由它们本身引起的吗？应当

（接上页）的意义上，把我们所理解的精神、理智、意志、愿望、情感和灵魂等都整合在一起：按照叔本华式的术语，奴斯（Noos）既指理智，又指“意志”。——严格说来，运动是世界上活跃的东西。但是现在在这个世界上，显示出来的不是运动的混乱，而是秩序、美和确定的规律性。把永恒的存在者如此排列起来的究竟是什么？当然也是某种“永恒的存在者”，因为我们不断地看到它的活动。而且，我们在我们身上直接地经验到这种活动：只有奴斯能够推动身体，同样，有机界和无机界的运动至少也必然是这种奴斯的后果。——编注

从机械角度还是魔力角度对此做出解释呢？或者，如果情况不是如此，是某个第三者在推动它们吗？这是一个棘手的问题，因为与阿那克萨哥拉的看法相反，巴门尼德甚至还可以补充道，就算有多个实体，运动的不可能性始终还是可以证明的。就是说，他可以这样说：设想两个自行存在的本质，每一个都具有完全不同的、独立的、绝对的存在——阿那克萨哥拉的实体就是这样的本质——，因此，它们绝不会相互碰撞，绝不会相互推动，也绝不会相互吸引；它们之间没有因果关联，没有桥梁；它们互不接触，互不打扰，互不关联。因此，碰撞和那种魔术般的引力一样，都是根本无法说明的。绝对不同的东西，不能彼此施加任何影响，所以，自己不能运动，也不能使他物运动。巴门尼德甚至会补充道：你们唯一能做的就是把运动归于事物本身。但是，那样的话，你们作为运动认识和看到的一切，就仅仅是错觉，而不是真正的运动，因为那些绝对的、独特的实体可以享有的唯一种类的运动，大概只能是没有任何作用的自我运动。但是，恰恰为了解释交替、位移和变化的作用，简言之，为了解释事物间的因果性和相互关系，你们才假定了运动。然而，恰恰是这些作用并没有因此得到说明，它们还和以前一样是有疑问的。因此，实在看不出假定一种运动有何必要，因为它并没有给予你们想从它那里得到的东西。运动不属于事物的本质，对于事物而言，它永远是异类。

为了逃避这样一种论证，爱利亚学派“不动的一”的反对者受到了一个来自感性世界的偏见的诱惑。每一个真正的存在者都是一个占据空间的物体，都是一块物质，但无论是大是小，总之要在空间中延伸，这一点看上去如此确定无疑，所以，两个或多个这样的团块不可能存在于同一个空间中。在这样的前提之下，阿那克萨哥拉和后来的德谟克利特都假定：当它们在运动中相互连接时，它们必然会相互碰撞；它们会争夺同一个空间；正是这种斗争引起了所有的变化。换句话说，那些完全隔绝的、彻底不同的和永远不变的实体并没有被看作绝对不同的东西，毋宁说，除了一种特有的、特殊的质之外，它们都有一个完全相同的基质，即它们都是一块占据空间的物质。在分享物质这一点上，它们都是一样的，所以，它们才能相互作用，就是说，相互碰撞。一切变化根本不取决于那些实体的不同点，而是取决于它们的相同点，即它们都是物质。这里，在阿那克萨哥拉假定的根基处，存在着一种逻辑错误，因为真正自行存在的存在者必定是完全绝对的和统一的，所以，不允许任何东西被假定为它的原因；而阿那克萨哥拉的所有那些实体都还是有条件的东西，都拥有物质，都已经假定了物质的存在。例如，在阿那克萨哥拉看来，作为实体的“红”就不仅仅是红自身，而是在红之外，还暗含着一块不具有质的物质。只有借助于这块物质，“红自身”才能作用于其他实体，不是通过红的东西，而是通过非红色的、无色的、完全没有质的规定性的东西。假如红被严格地视为红，视为本真的实体自身，因而没有那个基质，那么，阿那克萨哥拉肯定不敢谈论红对其他实体的作用，比如，他根本不敢说这样的话：“红自身”通过碰撞把从“肉自身”接受到的运动传递出去。很明显，这样一个真正的存在者是绝不能被推动的。

15

为了正确估价巴门尼德假设中的非凡优点，人们必须看一看爱利亚学派的反对者。如果向他们提出有“多少实体”的问题，何种困窘——巴门尼德逃脱了这些困窘——在等待着阿那克萨哥拉以及所有相信实体多样性的人们呢？阿那克萨哥拉跳了过去，闭上眼睛说：无限多。这样，他至少回避了证明确定数量的基质这个异常困难的问题。因为这些无限多的基质必须没有增加，没有变化，并且永恒存在，所以，在这个假设中存在着一个被认为已结束的、已完成的无限的矛盾。简言之，被巴门尼德用一个存在的令人惊异的原理击溃的多样性、运动和无限性，又从流放地返了回来，把炮弹投向巴门尼德的对手们，旨在给他们造成无法治愈的创伤。很显然，那些对手对于爱利亚派下述思想的可怕威力没有准确的意识：“时间、运动和空间不可能存在，因为我们只能把所有这些设想为无限的，而且，既无限大，又无限可分。但一切无限的东西不可能拥有存在，它们不存在。”没有人会怀疑这一点，只要他严格把握存在一词的意义，并且认为自相矛盾的东西——比如，一个已完成的无限——是不可能存在的。但是，如果现实恰恰只能通过已完成的无限的形式向我们显示一切，那么，很显然，现实本身是自相矛盾的，因此，不具真正的实在。“但在你们思想本身中也有前后相继，所以，你们的思想也不可能是实在的，因而，也不能证明任何东西。”如果那些对手想这样进行反驳，那么，也许巴门尼德会像康德[①]在一个类似场合回答一个同样的指责那样答道：“虽然我可以说，我的表象前后相继，但这仅仅意味着：我们意识到它们存在于一个时间次序中，就是说，我们是按照内感的形式意识到它们的。因此，时间不是某种自在之物，也不是客观地附着于事物之上的规定性。”所以，必须区分纯思想——它像巴门尼德的存在一样是非时间性的——与对这种思想的意识，后者已经把思想转换为假象的形式，即相继、多样性和运动的形式。可能巴门尼德已经使用了这种方法，此外，斯皮尔[②]用来反驳康德的话（《思想与现实》，第264页[③]）一定也可以用来反驳他。“然而，第一，很显然，如果我在我的意识中不同时具有那些前后相继的环节，那么，我就不能对这种相继有任何了解。所以，相继的表象本身绝不是相继的，因而也完全不同于我们表象的相继。第二，康德的假设包含着如此明显的谬误，以至于人们要惊叹他如何能对其视而不见。根据这种假设，恺撒和苏格拉底实际上并没有死，他们活得和两千年前一样好，只是由于我的‘内感’的安排，他们才看上去像

① 康德]《纯粹理性批判》，科学院版，Ⅲ，第62页注释。——编注

② 斯皮尔（Afrikan Alexandrovich Spir, 1837—1890年）：新康德主义哲学家，出生于俄国，后移居德国和瑞士。主要著作是《思想与现实：革新批判哲学的尝试》，该书曾对尼采产生一定的影响。——译注

③ 斯皮尔……264页]1873—1875年间，尼采曾三次从巴塞尔大学图书馆借阅《思想与现实》（1873年）的第一版，后来，他于1877年购买了该书第二版。——编注

死了似的。未来的人现在已经活着，如果说他们现在还没有活生生地显现，那么，这同样是‘内感’安排的错。这里，问题的关键在于：意识生命本身的开始和终止，连同其全部内感和外感，怎么能只存在于内感的理解力之中？事实恰恰是，人们根本不能否认变化的实在性。如果说它被从窗户逐走，那么，它又会从钥匙孔溜进。人们说：‘状态和表象只是看起来在变化’，不过，这种假象本身毕竟是某种客观现存的东西，其中的相继具有毋庸置疑的客观实在性，其中确有某物前后相继。——此外，人们必须注意到，只有在下述前提之下，全部理性批判才可能有根据和理由：我们的表象本身如其所是地向我们显现。因为如果我们的表象不以如其所是的方式向我们显现，那么，人们就提不出关于这些表象的任何有效看法，因而也就不能建立任何认识论以及关于客观有效性的‘先验’考察。但毫无疑问，我们的表象本身是作为相继显示给我们的。”

对于这种确定无疑的相继和运动所做的观察，迫使阿那克萨哥拉提出了一个值得注意的假设。很显然，是表象本身在动，它们不是被推转的，没有自身之外的动因。所以，他说，有些事物自身就具有运动的原因和开端。但他接下去注意到，这些表象不仅仅推动自身，而且，还可以推动完全不同的东西——身体。这样，他就通过最直接的经验发现了表象对于广延物质的作用，这种作用作为后者的运动为人所知。他首先确认了这一事实，进而又试图对这一事实做出解释。总之，他有一个关于世界中运动的规范图式。现在，他或是将其看作由进行表象的东西即奴斯（Nous）发动的真正隔绝的本质的运动，或是将其看作由已经被推动的东西发动的运动。他也许没有看到，在第二种方式即运动和碰撞的机械传递这个基本假定中，同样存在一个问题。碰撞作用的平凡性与日常性也许麻痹了他那指向碰撞之谜的眼光。相反，也许他正确地感觉到，表象对于自在存在着的实体的作用在本质上是成问题的，甚至是充满矛盾的，因此，他试图把这种作用归结为一种机械的、在他看来可以说明的推动和碰撞。奴斯一定也是这样一种自在存在的实体，他把它刻画为具有思想这种特质的非常柔软纯净的物质。当然，按照这样被假定的特征，这种物质对于其他物质的作用，与另一种实体对于第三种实体所施加的作用，在种类上完全一样，就是说，是一种机械的、由挤压和碰撞而发生的作用。现在，他无论如何是有了这样一种实体：它自己运动，也使他物运动，它的运动不是来自于外，而且，也不依赖于任何人。现在，应当如何去设想这种自我运动，看来几乎无关紧要了，也许就像非常柔软的、圆形的小水银珠子的来回滚动。在与运动有关的所有问题中，没有比运动如何开始的问题更麻烦的了。因为即使人们可以把所有其他运动看作结果和效果，但还是必须对起初的、源始的运动做出解释。对于机械运动来说，链条上的第一个环节无论如何不可能处于一种机械运动之中，因为这等于求助于荒谬的自因（causa sui）概念。仿佛从一开始就把本己的运动像嫁妆一样给予那些永恒绝对的事物，这同样行不通。因为没有在何处（worauf）和去何处（wohin）的方向，运动便是不可设想的，所以，它只能被设想为关系和条件。但是，如果从本性上说一个事物必然要关涉到在它之外存在的某物，那么，该物便不再是自在地存在的和绝对的。在这种困境中，阿那克萨哥拉认为在那个自行运动着的、独立的奴斯中找到了一种特别的救助。由于奴斯的本质恰恰是那么晦暗不明，足以掩盖这样一个事实：在其假设的根基处同样包含着那个被禁止的自因。对于经验观察来说，下面一点确定无疑：表象不是一种自因，而是大脑的作用。把“精神”即大脑的产物与它的原因分离开来，并且，错误地认为在这种分离之后它依然存在，这必须被看作一种奇特的越轨行为。阿那克萨哥拉正是这样做的。他忘记了大脑及其令人惊叹的本领，忘记了大脑沟回的精细复杂，宣告了“自在的精神”。在所有实体中，唯有这种“自在的精神”随心所欲。这真是一种绝妙的认识！它可以随时使在它之外的事物一下子运动起来，相反，却可以占用相当长的时间致力于自己的事务。——简言之，阿那克萨哥拉允许假定：在太古有一个**初始的**运动时刻，作为一切所谓生成的起点，就是说，作为永恒实体及其微小部分的一切变化、移动和换位的起点。虽然精神本身也是永恒的，但它决不会被迫长久地为物质－种子的运动而操心。这样，无论持续的长短，总有一个时间或物质的一个状态，其间奴斯还没有作用于那些物质，它们还是不动的。这就是阿那克萨哥拉所说的混乱时期。

16

阿那克萨哥拉所说的混乱，不是一个马上就能理解的概念。为了把握它，人们必须首先理解我们这位哲学家形成的关于所谓生成的观念。因为正如阿那克萨哥拉所说，在一切运动之前，所有不同种类的原初－实存（Elementar-Existenzen）的状况绝不会必然产生一切“事物种子”[①]的绝对混合。他把这种混合想象为一种完全的混乱，甚至直到最小的部分也是如此。在此之前，所有那些原初－实存就像在一个研钵中那样被研磨、分解为粉末原子，以便它们可以在那种混乱中被任意加以搅拌，就像在一个搅拌罐中一样。人们可能会说，这个混乱概念根本没有必要。毋宁说，人们只需假设所有那些实存的一种任意的偶然状况，而无须这些实存的一种无限可分性。一种无序的并存就已经足够了，不需要混乱，更不用说如此完全的混乱了。那么，阿那克萨哥拉是如何得到这个困难而复杂的观念的呢？如前所述，通过他对经验显示出来的生成的理解。他从自己的经验中首先得出了一个非常引人注目的关于生成的命题，这个命题必然会导致那种混乱的

① “事物种子”］阿那克萨哥拉残篇第4，见第尔斯－克兰茨编：《前苏格拉底哲学家残篇》。——编注

学说。

通过对自然中生成过程的观察，而不是通过对先前体系的考察，阿那克萨哥拉提出了一切产生于一切的学说。这是自然科学家的信念，其基础是多种多样、当然从根本上说又极为有限的归纳。他的论证过程如下：如果对立一方可以产生于对立的另一方，比如，黑色的东西产生于白色的东西，那么，一切都是可能的了。白雪融化为黑水即是一例。他通过下述方式解释身体的代谢过程：食物中必然包含着肉、血或骨的不可见的微小部分，在代谢过程中，它们彼此分离，同类的部分则在体内结合在一起。但是，如果一切可以生成于一切，固体可以生成于液体，硬可以生成于软，黑可以生成于白，肉可以生成于面包，那么，一切也必定包含在一切之中。在这种情况下，事物的名称仅仅表达了一种实体对其他数量较小的、常常无法察觉的实体所具有的优势。在金中，也就是在人们权且（a potiore）用金这个名称所表示的东西中，也必定包含着银、雪、面包和肉，只不过数量微乎其微，所以，这个整体是按照占优势的实体即金得以命名的。

但一种实体怎么能取得优势并且以大于其他占有物的数量填充一个事物呢？经验显示：只有通过运动，这种优势才能逐渐形成；优势是我们通常叫作生成的那个过程的结果；相反，一切在一切中，则不是那个过程的结果，而是一切生成和运动的前提，因而在一切生成之前。换句话说，经验表明：同类的东西总是（比如，通过代谢）趋向同类的东西，所以，它们本来并不是混为一团的，而是彼此分开的。毋宁说，在我们眼前的经验过程中，同类的东西总是从非同类的东西而来，由非同类的东西推动

的（比如，在代谢过程中，肉的微粒来自于面包等），因而，不同实体的混乱状态是事物构成的更古老形式，从时间上说，在一切生成和运动之前。如果一切所谓的生成都是一种分离，都是以混合为前提的，那么，问题在于，这种本来的混合和混乱达到了何种程度。虽然同类相聚的运动过程即生成已经持续了相当长的时间，但人们发现，现在在所有事物中仍然包含着所有其他事物的残余和种子，它们有待于进一步分离，到处存在的只是一种优势。源始的混合必定是一种完全的混合，就是说，直到无限小的部分必定也是混合的，因为分解需要无限的时间。在此问题上，阿那克萨哥拉固守这样一种思想：一切拥有真正存在的事物都是无限可分的，不会丧失自己的特性。

在这种前提之下，阿那克萨哥拉设想，世界的源始实存（Urexistenz）很可能像大量尘埃状的、无限小的、充实的点，其中，每一个点都是特定的和简单的，只具有一种质，然而，每一种特定的质都在无限多的单个的点中得到体现。考虑到它们是一个整体的同类部分，而这个整体和它的各个部分也是同类的，亚里士多德把这些点称为“相似部分”（Homoiomerien）①。但是，如果人们把所有这些点、所有这些“事物的种子”的那种原初混乱等同于阿那克西曼德的源始质料，那他们就犯了极大的错误，因为后者即所谓的“不定”是一种绝对统一的、单一的物质，而前者则是多种质料的聚集体。当然，人们可以像谈论阿那

① 相似部分］参见亚里士多德：《物理学》，203a 20；《论天》，302a 31；《论生灭》，314a 19；《形而上学》，984a 13，988a 27。——编注

克西曼德的“不定”那样谈论这个多种质料的聚集体，亚里士多德[①]就是这么做的。它既不可能是白的，也不可能是灰的、黑的或任何其他的颜色，它没有滋味，也没有气味，作为整体既没有量的规定性，也没有质的规定性。阿那克西曼德的不定和阿那克萨哥拉的源始混合之间的共同点，大体上就是这些。但是，除了这种否定的共同点之外，它们也以肯定的方式相互区分：后者是混合的，而前者则是统一的。阿那克萨哥拉至少通过其混乱假设大大领先于阿那克西曼德：他不必从一中推演出多，从存在者中推演出生成者。

当然，在种子的完全混合中，他必须允许一个例外：奴斯那时尚不存在，而且，现在也根本没有与任何事物相混合。因为哪怕它曾只与一个存在者相混合，那么，它就必然在无限分割中存在于一切事物。从逻辑上说，这个例外是非常可疑的，特别是考虑到前面所说的奴斯的物质本性，它显然带有一些神话的味道，看上去甚为武断，但按照阿那克萨哥拉的前提，它却是一种严格的必然性。此外，精神和其他质料一样是无限可分的，只不过它不通过其他质料，而是通过它自己。当它分割的时候，它一边分裂，一边又或大或小地聚在一起，始终保持同样的量和质。此时此刻，在全世界，在动物、植物、人身上是精神的东西，一千年前也是精神，不多也不少，尽管分布有所不同。但在它与一个其他实体发生关系的地方，它绝不会与之相混合，而是会自愿地抓

① 亚里士多德]《物理学》，187a 20—23；《形而上学》，1069b 20—22。——编注

住它，任意地活动它、推动它，简言之，支配它。唯有精神在自身中包含运动，也唯有它在世界中居支配地位，并通过推动实体 - 种子表明这一点。但是，它向什么方向推动这些实体 - 种子呢？或者，可以设想一种没有方向、没有轨道的运动？精神的碰撞，以及何时碰撞、何时不碰撞，都是随意的吗？简言之，在运动中起支配作用的是偶然性即最盲目的随意性吗？在这里，我们触及了阿那克萨哥拉思想领域中的最神圣之处。

17

对于一切运动之前源始状态的那种无序的混乱来说，必须做些什么，才能在不增加新的实体和能量的情况下，从中生成现存世界及其规则的天体轨道、合乎规律的季节和白昼形式、多种多样的美和秩序，简言之，才能从混乱中生成一个宇宙？这只能是运动的结果，然而，这是一种确定的、巧妙安排的运动。这种运动本身是奴斯的手段，而奴斯的目的则是同类物的完全分离。这是一个迄今为止尚未达到的目的，因为开端的无序和混合是无限的。这个目的只有通过一个漫长的过程去争取，而不能通过神话般的魔法一下子达到。如果在一个无限遥远的时刻，下述目的达到了：一切同类的东西都集聚到了一起，各种完整未分的源始实存并存于美的秩序中；如果每一个微小部分都找到了自己的同伴和家园；如果在实体的大分割、大分裂之后，开始了大和平，再也没有任何分裂和分散之物，那么，奴斯就将重新回到它的自我运动，不再分散为时而大些、时而小些的物质，作为植物精神或动物精神漫游世界，居住于其他物质之中。在此期间，上述任务尚未完成，但奴斯为了完成该任务而设想出来的运动方式证明了一种惊人的合目的性，因为通过这种运动，在任何一个新的时刻，上述任务都更接近于完成。就是说，这种运动具有螺旋式旋转的性质：它从无序混合的任何一点开始，以小旋转的方式和越来越大的轨道穿越一切现有存在，无论何处，同类的东西都被抛向同类的东西。首先，这种旋转使一切密的东西靠近密的东西，使一切薄的东西靠近薄的东西，同样，使暗的东西、亮的东西、湿的东西和干的东西靠近它们的同类。在这些普通的性质之上，还有两个更为广泛的性质，即以太（Aether）和空气（Aeer）。前者包括一切热的、亮的和薄的东西，后者则指一切暗的、冷的、重的和坚的东西。通过以太物质和空气物质的分离，作为那个圆周越来越大的旋转之轮的下一个效应，产生了类似于某人在一个平静的湖面上引起一个旋涡那样的情形：重的东西被引向中央，并挤压在一起。同样，在混乱中形成了那个前进着的龙卷风，以太的薄、亮部分向外旋转，阴、重和湿的部分则向内旋转。然后，随着这一过程的继续，水从集聚在内侧的气状物质中分离出来，土又从水中分离出来，在可怕的寒冷的作用下，从土中分离出了岩石。另一方面，在旋转力的作用下，一些石类物质被从地球引开，抛向以太的热和亮的领域。在那里，它们在以太的炽热元素中燃烧，在以太的圆周运动中一起运动。作为太阳和星辰，它们发射出光芒，照亮并温暖着本来黑暗、寒冷的地球。整个构想源自一种惊人的大胆和简单，完全没有沾染那种笨拙的、拟人的目的论，尽管人们常常把这种目的论和阿那克萨哥拉的名字连在一起。这个构想的伟大和骄傲之处恰恰在于，它从运动的圆圈推演出整个生成的宇宙，而巴门尼德却把真正的存在者看成一个静止的、僵死的球体。一旦那个圆圈首先运动起来，在奴斯的推动下滚动起来，那么，世界的一切秩序、规律性和美

便都是那个第一推动的自然结果。如果人们对他在这种构想中表现出的对目的论的明智放弃进行责难，轻蔑地把他的奴斯说成是一个解围之神[①]，那么，他们对阿那克萨哥拉是多么不公正啊！毋宁说，恰恰由于他消除了神话的和神学的奇迹干预，消除了人格化的目的和功用，阿那克萨哥拉才能使用类似康德在其天体自然史[②]中所使用的激扬文字。把宇宙的雄伟和天体轨道的神奇安排，完全追溯到一种简单的、纯粹机械的运动，仿佛追溯到一个运动着的数学图形；不是诉诸一个解围之神的意图和强有力的大手，而是仅仅诉诸一种振动，这种振动一经开始，其过程就是必然的和确定的，其效果类似于敏锐的洞察力所做的最为睿智的计算，类似于最为深思熟虑的合目的性，尽管实际上并非如此。这的确是一种崇高的思想。康德[③]说："我享有这样一种快乐，即看到不是借助于任意的虚构，而是由于确定的运动法则，产生了一个安排得当的整体。这个整体看上去与我们的世界系统如此相像，以至于我不能不认为它就是这个系统。我认为，在确切的意义上，人们在此可以并非傲慢地说：给我物质，我就会从中建造一个世界！"

① 解围之神（deus ex machina）：希腊或罗马戏剧中，用舞台机关送下来的消除剧情冲突或使主人公摆脱困境的神。——译注

② 即康德的《自然通史与天体理论》。——译注

③ 康德]《自然通史与天体理论》，科学院版，I，225—226，229—230。——编注

18

即使假定那个源始的混合得到了人们的正确理解，这个关于世界建构的伟大草案看来还是会首先遭到若干力学思想的反对。就是说，即使精神在一个地方引起了一个圆周运动，但是，这种运动的延续仍然是难以想象的，特别是因为这种运动应当是无限的，并且应当逐渐带动一切现有物质。人们从一开始就会想到：所有其他物质的压力必然压倒这个刚刚产生的微小的圆周运动；这种情况并没有出现，这是以引起运动的奴斯的存在为前提的，它以可怕的力量突然降临，速度如此之快，我们必须把这种运动称为一个旋涡，德谟克利特同样曾经想象这样一种旋涡。为了不被压在其上的整个无限世界所阻挡，这个旋涡必须无限强，所以，它将会无限快，因为强度本来只能在速度中才能得到显示。相比之下，同心圆越大，运动也就越慢。如果有朝一日，这种运动可以达到无限伸展的世界的尽头，那么，它必然业已具有无限小的旋转速度。相反，如果我们设想，在其初始阶段，运动无限大亦即无限快，那么，开始的圆周也必然无限小。这样，我们就得到了一个作为开端的围绕自身旋转的点，这个点具有无限小的物质内容。但这个点根本解释不了继续运动。即使人们可以设想源始物质所有的点都在围绕自身旋转，整个物质仍然是不动

的和未分离的。然而，如果那个受奴斯吸引和推动的无限小的物质点并不围绕自身旋转，而是画一个任意的、大于自身的圆周，那么，这就足以撞击、推动、抛掷、弹回其他物质点，从而逐渐引起一种活跃的、向外蔓延的骚动。在这种骚动中，作为最近的结果，必然发生空气物质与以太物质的分离。正如运动的开始本身是奴斯的一个任意行为一样，这种开始的方式也是奴斯的一个任意行为，因为它画的是这样一个圆圈，其半径是大于一个点的任意数。

19

当然，人们在此可以提出这样的问题：当时奴斯突然想起了什么，以至于要去撞击无数个点中的任意一个物质小点，使之旋转起来、舞动起来，为什么它以前没想这样做呢？对此，阿那克萨哥拉也许回答说：它有自行决断的特权，可以随意突然开始，它独立自主，而所有其他事物则是由外力决定的。它没有任何义务，因而，也没有任何不得不追求的目的。如果它什么时候开始了那个运动，并为自己设置了一个目的，这也仅仅是——这个问题很难回答，赫拉克利特会补充说——一个游戏。

看来这是始终挂在希腊人嘴边的最终方案和答复。阿那克萨哥拉的精神是一位艺术家，而且是最大的力学和建筑学天才，它用最简单的手段创造出了最壮丽的形式和轨道，仿佛创造了一座移动的建筑，而这无论如何是出自那种存在于艺术家内心深处的非理性的随心所欲。仿佛阿那克萨哥拉指着菲迪亚斯[1]，面对宇宙这件巨大的艺术作品，就像面对巴台农神殿一样，向我们喊道："生成不是什么道德现象，而仅仅是一种艺术现象。"据亚里士

① 菲迪亚斯（Phidias，前480—前430年）：古希腊雕塑家、画家和建筑师，曾监管巴台农神殿的工作，代表作品有《雅典娜神像》和《宙斯神像》等。——译注

多德[①]讲述，对于人生价值何在的问题，阿那克萨哥拉答道："在于凝视天空和宇宙的整个秩序"。他带着如此神秘的敬畏，如此虔诚地对待物理事物，就像我们以同样的心情站在一座古代神庙前一样。他的学说变成了一种自由精神的信仰练习，通过"憎恨并远离无知的群氓"（odi profanum vulgus et arceo）[②]来自保，谨慎地从雅典最高贵的社会挑选自己的信徒。在雅典阿那克萨哥拉信徒的秘密团体中，民间神话只是作为一种象征性语言才被准许。所有神话、神和英雄在这里只被看作解释自然的象形文字，甚至连荷马史诗都应当是奴斯统治的颂歌，是自然（Physis）的斗争和法则的颂歌。有时，一个声音会冲出这个崇高的自由精神的团体，渗入民间。特别是那位始终胆大妄为、谋求革新的伟大的欧里庇得斯[③]，敢于通过各种悲剧面具，把像一把利箭穿透百姓意识、后者只有通过滑稽的漫画和可笑的插科打诨才能得以摆脱的东西公之于众。

但是，最伟大的阿那克萨哥拉主义者是伯利克里[④]，他是世上最强大、最威严的人。柏拉图[⑤]就是为他作证说：只有阿那克

① 亚里士多德］《优台谟伦理学》，1216a 11—14。——编注

② 憎恨并远离无知的群氓］贺拉斯：《赞歌集》，Ⅲ，1，1。——编注 Quintus Horatius Flaccus，前65—前8年，古罗马诗人。——译注

③ 欧里庇得斯（Euripides，前484—前406年）：古希腊悲剧作家，与埃斯库罗斯和索福克勒斯并称希腊三大悲剧大师，代表作品有《美狄亚》《特洛伊的妇女》和《醉酒的女人》等。在《悲剧的诞生》中，尼采认为欧里庇得斯造成了希腊悲剧的解体。——译注

④ 伯利克里（Perikles，前495—前429年）：古希腊著名政治家，也是古代世界最著名的政治家之一。——译注

⑤ 柏拉图］《斐德罗篇》，269a—270a。——编注

萨哥拉的哲学才使他的创造力得到尽情发挥。他作为公众演说家站在他的人民面前，神情优美肃穆宛如一尊大理石的奥林匹斯神像，身披连皱痕都不曾改变的大衣，面部表情没有任何变化，没有笑容，声调始终浑厚有力，因而，完全不是以狄摩西尼[①]的风格，而是以伯利克里式的风格演讲着、吼叫着、毁灭着、拯救着。这时，他成了阿那克萨哥拉的宇宙的缩影，成了奴斯的肖像（奴斯为自己建造了这个最美丽、最威严的躯壳），仿佛成了那建造着、运动着、分离着、整理着、通观全局的、艺术的和未确定的精神力量的可见的化身。阿那克萨哥拉[②]自己曾经说过，因为人具有像手这样令人惊叹的器官，所以，他已经是最理性的存在，或者说，他必定已经包含了比所有其他存在更多的奴斯。他由此得出结论，奴斯按照它强占一个物体的大小和数量，不断从这种物质中建造与自己的质级相当的工具，所以，当它以最大的量出现时，这些工具也就最漂亮、最合目的。奴斯最神妙、最合目的的活动一定是那个圆形的源始运动，因为那时精神还是尚未分化的整体。同样，作为听众的阿那克萨哥拉时常觉得伯利克里演讲的效果就是那种圆形源始运动的一个形象写照，因为他在这里也首先感觉到了一种力量巨大而又井然有序的运动着的思想旋涡，它用若干同心圆逐渐抓住和夺走远近的一切，当它达到自己目的的时候，它已经把整个民族整理得井然有序、层次分明。

① 狄摩西尼（Demosthenes，前 384—前 322 年），古希腊著名政治家、演说家和雄辩家。——译注

② 阿那克萨哥拉……奴斯］亚里士多德：《论动物的部分》，687a 7—12。——编注

在后来的古代哲学家看来，像阿那克萨哥拉那样用奴斯去解释世界的方式是古怪的，甚至几乎是不能宽恕的。他们觉得他好像发明了一件精美的工具，然而却不能正确地理解这件工具，于是，他们试图补做被发明者所疏忽的工作。他们没有认识到，阿那克萨哥拉那源于自然科学方法之至纯精神的放弃有何意义。这种方法在任何情况下首先提出的问题都是某物何以存在（动力因 causa efficiens），而不是某物为何存在（目的因 causa finalis）。奴斯只是被阿那克萨哥拉用来回答“何以有运动、何以有合乎规律的运动”这个特殊问题。而柏拉图[①]却指责他说，他本该表明然而却未能表明这样一点：每个事物都最美、最好、最合目的地以自己的方式处于自己的位置。但阿那克萨哥拉却在任何个别场合都不敢宣称这一点，在他看来，现存世界不是可能的最完满的世界，因为他看到了物物相生，并且发现无论在世界上充实的空间的尽头，还是在个别的存在物上，奴斯对实体的分离都未得到执行和解决。对于他的认识来说，找到一种运动就足够了，这种运动可以在简单的持续作用中从一个完全混合的混乱状态创造出可见的秩序。他避免提出为何运动以及运动的理性目的的问题。因为如果奴斯按其本性具有通过运动得以实现的必然目的，那么，它就不再能随心所欲地随时启动运动了。如果它是永恒的，它也就必然永久地为这个目的所决定，于是，也就不会有一个运动尚不存在的时刻，甚至从逻辑上必须禁止为运动设定一个起点。这样，阿那克萨哥拉全部世界观的基础即源始混乱的观念

① 柏拉图]《斐多篇》，97b—98c。——编注

在逻辑上也就成为不可能的了。为了回避目的论所造成的这些困难，阿那克萨哥拉必然最为强烈地强调和保证：精神是随意的。它的全部行为，包括那个源始运动的行为，都是“自由意志”的行为。相反，其余的整个世界都是被严格决定的，而且是被机械地决定的，是在那个源始瞬间之后形成的。但那个绝对的自由意志只能被设想为无目的的，其行为方式约略相当于儿童游戏和艺术中的游戏冲动。如果人们指望在阿那克萨哥拉那里发现目的论者常常犯的那种混淆，那就错了。面对非同寻常的合目的性、部分与整体的相互协调，特别是有机体身上的合目的性和协调一致，目的论者假定：为理智而存在的东西，也是由理智所产生的；他仅仅在目的概念的引导下获得的东西，本来也必定是由思考和目的概念形成的（叔本华《作为意志和表象的世界》第二卷第 373 页）。但与此相反，按照阿那克萨哥拉的想法，事物的秩序和合目的性完全是一种盲目的机械运动的结果。而且，只是为了能够引起这种运动，为了随时走出混乱状态那死一般的寂静，阿那克萨哥拉才假定了那个随心所欲、独立自主的奴斯。他所看重的恰恰是奴斯的这样一种特性：它是随意的，因而它的活动可以是无条件的和非限定性的，既不受原因的引导，也不受目的的支配。

尼采手稿与笔记简写表[①]

D 9　　《希腊悲剧时代的哲学》付印稿，阿道夫·鲍姆加特纳抄件。

U I 8　　巴塞尔时期哲学笔记本。四开本。108页。《希腊悲剧时代的哲学》的誊清稿。

① 据科利版《尼采著作全集》第14卷第21—35页的总简写表，此处仅列出本书编注中出现的尼采手稿和笔记缩写。——译注

译后记

几年以前，译者据乔尔乔·科利（Giorgio Colli）和马志诺·蒙提那里（Mazzino Montinari）编辑的15卷本考订研究版《尼采著作全集》（Friedrich Nietzsche: Sämtliche Werke, Kritische Studienausgabe in 15 Bänden，简称科利版）第1卷翻译了《希腊悲剧时代的哲学》正文部分，并收入“商务新知译丛”。后应孙周兴先生之邀，补译了科利版的编注，被收入中文版《尼采著作全集》。在正文的翻译过程中，参考、借鉴了周国平先生的译本；借此次补译编注的机会，对原来的译文做了修订。

商务印书馆陈小文博士为本书的翻译出版付出了辛勤的劳动。北京大学外国哲学研究所为本书的翻译提供了经费资助。谨表谢意！

李超杰

2013年6月于韦伯豪

图书在版编目(CIP)数据

希腊悲剧时代的哲学/(德)尼采著;李超杰译.—北京:商务印书馆,2024
(汉译世界学术名著丛书:120年纪念版:珍藏本:增订本)
ISBN 978-7-100-23720-8

Ⅰ.①希… Ⅱ.①尼…②李… Ⅲ.①古希腊罗马哲学—研究 Ⅳ.①B502.1②B516.47

中国国家版本馆CIP数据核字(2024)第077306号

权利保留,侵权必究。

汉译世界学术名著丛书
(120年纪念版·珍藏本·增订本)
希腊悲剧时代的哲学
〔德〕尼采 著
李超杰 译

商 务 印 书 馆 出 版
(北京王府井大街36号 邮政编码100710)
商 务 印 书 馆 发 行
北京通州皇家印刷厂印刷
ISBN 978-7-100-23720-8

2024年5月第1版 开本710×1000 1/16
2024年5月北京第1次印刷 印张6½
定价:32.00元